LAOS

GUIDE DE VOYAGE 2024

Découvrez une culture riche, des paysages à couper le souffle et des conseils d'initiés pour tirer le meilleur parti de votre aventure

ELLA TIRE

Ella Trekker

TABLE DES MATIÈRES

INTRODUCTION

Par où commencer avec le Laos, oh Laos ? Ce joyau caché d'un pays d'Asie du Sud-Est est comme le parent décontracté de ses voisins qui s'entendent bien avec tout le monde lors des réunions de famille. Mon voyage ici a été une succession inattendue de moments « wow », chaque jour se déroulant lentement, merveilleusement et avec d'énormes promesses.

Quel est l'un de mes souvenirs les plus marquants ? Cet après-midi calme à Luang Prabang devait être ça. Considérez ceci : un coucher de soleil digne d'Instagram, un fleuve Mékong qui reflétait le ciel et les faibles prières des moines au loin à la fin de la journée. J'étais assis sur les vieilles marches en bois du Wat Xiengthong, tenant une noix de coco réfrigérée (les deux plus beaux dollars que j'ai jamais dépensés) et je me suis dit : « Si la paix avait une vue, ce serait celle-là ».

J'avais commencé la journée en flânant au marché matinal, qui était un kaléidoscope de couleurs et de senteurs. Les légumes frais étaient abondants, allant des fruits du dragon et des bananes à des produits que je ne pouvais pas prononcer mais qui avaient un goût exquis. Et la cuisine de rue ? Disons simplement que le khao soi et le riz gluant ont fait leur petite fête dans ma bouche, je rêve encore de ces saveurs.

La vraie magie s'est produite lorsque j'ai décidé d'emprunter le chemin le moins fréquenté, littéralement. J'ai loué un vélo délabré mais charmant et je suis parti à la découverte de la campagne. Je me suis retrouvé à parcourir à vélo des parties de la jungle, des rizières en terrasses et des petites villes où les habitants me souriaient avec curiosité. J'ai été invité à déjeuner en famille, où nous parlions uniquement par des sourires et des gestes, un langage à part entière.

Un autre moment fort a été une journée passée à naviguer sur le fleuve Mékong sur un bateau tranquille. Quelque chose dans la simplicité de la vie fluviale vous donne envie de jeter votre téléphone et de simplement être. J'ai vu des enfants jouer dans l'eau, des pêcheurs lancer leurs filets avec des rêves aussi grands que la rivière et des buffles se détendre dans l'eau.

Mais voilà : la beauté du Laos ne se limite pas à ses panoramas ou aux teintes émeraude de ses bois. C'est dans son âme, dans la force calme de son peuple et dans son mode de vie paisible qui bourdonne doucement sous la surface. On le retrouve dans les robes safran des moines, dans les motifs tissés des textiles accrochés sur les marchés et dans les échos des gongs au coucher du soleil.

Je n'ai pas pu m'empêcher d'être submergé de gratitude alors que j'étais assis là à regarder le coucher du soleil, le ciel une symphonie de violets et d'oranges. Le Laos m'avait fourni bien plus que de magnifiques images à emporter chez moi ; cela m'avait procuré un véritable plaisir sans mélange. C'est vrai ce qu'on dit : les meilleures expériences ne sont pas nécessairement là où on les attend. Parfois, c'est dans un endroit calme et sans prétention où des histoires se murmurent et où le temps passe à un rythme tranquille. C'est le Laos pour vous, un rappel que les événements les plus profonds peuvent arriver tranquillement et sans fanfare.

PRÉFACE

Bienvenue dans le « Guide de voyage du Laos 2024 », un compagnon incontournable pour tous ceux qui recherchent la beauté émouvante et la cadence calme de l'un des pays les plus intrigants d'Asie du Sud-Est. Niché parmi ses voisins les plus connus, le Laos reste un havre de calme inexploré, une relique d'une coutume séculaire et un paysage sauvage propice à l'exploration.

Ce guide est le résultat de recherches intensives, d'expériences personnelles et de conseils inestimables de la part des locaux et des touristes expérimentés. Il est destiné à plaire non seulement au routard aventureux qui aime le rythme des sentiers battus, mais aussi aux chercheurs de luxe exigeants, aux familles aventureuses et à tous ceux qui se trouvent entre les deux. Nous nous efforçons de vous fournir un récit de voyage complet qui prend en compte la variété des préférences de voyage ainsi que la profondeur de l'engagement culturel que le Laos a à offrir.

Le Laos est bien plus qu'une simple destination ; c'est une expérience qui commence avec les sourires touchants de ses habitants et se poursuit avec les rythmes tranquilles de la vie quotidienne qui coule comme l'énorme fleuve Mékong lui-même. Ces pages contiennent des sections détaillées sur les visites touristiques, avec à la fois des joyaux cachés et des sentiers bien parcourus révélés. Les options d'hébergement vont des simples familles d'accueil offrant un aperçu de la vie de famille laotienne aux magnifiques complexes hôteliers élégamment perchés sur les rives de rivières luxuriantes.

Notre guide gastronomique donne une feuille de route de l'environnement culinaire du Laos, des stands de nourriture de rue parfumés à l'ambiance paisible des restaurants haut de gamme. La section transport présente les aspects pratiques et les aventures du voyage dans cette région verdoyante, garantissant que votre voyage soit aussi enrichissant que les destinations que vous recherchez, que vous preniez un bateau calme le long de la rivière ou un tuk-tuk dans des rues bondées.

Dans l'esprit du voyage responsable, nous avons inclus un chapitre détaillé sur l'étiquette culturelle, qui vous aidera à naviguer dans les traditions et coutumes complexes avec respect et attention. Les conseils et tactiques disséminés dans les chapitres sont conçus pour rendre votre voyage aussi agréable qu'éducatif.

Nous souhaitons vous encourager à trouver le Laos qui vous plaît avec des itinéraires soigneusement élaborés qui répondent à une gamme d'intérêts et de durées. Il y a ici une route à parcourir, qu'il s'agisse des temples qui parlent d'anciens royaumes, des villages qui racontent le récit d'une culture tenace ou des refuges naturels qui permettent d'échapper au monde contemporain.

Alors que vous tournez ces pages et commencez votre aventure, que le Laos laisse une empreinte inoubliable dans l'âme de votre voyageur. Nous vous encourageons à explorer le « Guide de voyage Laos 2024 » et à découvrir les innombrables trésors qui se trouvent dans ce royaume de mangeurs de lotus et de monarques dragons, où l'histoire de chaque voyageur commence par un simple pas en avant et un cœur ouvert.

Un aperçu rapide du Laos

Bienvenue au Laos, une tapisserie enclavée de végétation et de rivières au cœur de l'Asie du Sud-Est. Le Laos, souvent éclipsé par ses voisins côtiers, déploie lentement son paysage de merveilles, mais avec un attrait qui lui est propre. C'est un pays où le voyage est aussi intéressant que la destination, et le doux rythme de vie laotien invite les visiteurs à ralentir et à profiter de chaque instant.

Le Laos a une longue histoire, comme en témoignent les temples antiques qui parsèment le paysage et les rites traditionnels qui constituent encore une partie importante de la vie quotidienne. En tant que seul pays enclavé d'Asie du Sud-Est, il a créé un sentiment de tranquillité et d'émerveillement autonome, avec son rythme unique par rapport aux pays environnants.

Le cœur du Laos se trouve au confluent des fleuves Mékong et Nam Khan, qui entourent le joyau culturel de Luang Prabang, un site du patrimoine mondial de l'UNESCO à la fois spirituel et magnifique. La ville, Vientiane, allie architecture coloniale française et temples bouddhistes, tandis que Vang Vieng offre un terrain de jeu naturel inégalé aux aventuriers.

Le paysage du Laos est une magnifique toile de montagnes boisées et de rivières coulantes, idéales pour la randonnée, le kayak et la spéléologie. Les provinces du Nord abritent des tribus montagnardes et leurs traditions séculaires, tandis que les régions du Sud révèlent la quiétude des Quatre Mille Îles (Si Phan Don), là où le Mékong s'étend et où le temps s'arrête.

Avec leurs sourires persistants et leurs manières décontractées, les Laotiens dégagent une chaleur qui accueille les fiançailles. Les moines vêtus de robes safran collectant l'aumône au lever du jour et les temples remplis de lotus qui offrent une escapade tranquille loin du quotidien reflètent leur profonde existence spirituelle.

La cuisine laotienne est une aventure culinaire en soi, avec le riz gluant en son cœur et une variété de plats mêlant harmonieusement épices, douceur, acidité et amertume. Dîner ici est plus qu'un simple repas ; c'est un voyage à travers des aliments frais et des saveurs riches qui reflètent le récit de la région et de ses habitants.

Le Laos invite les voyageurs à abandonner les idées préconçues. Ce n'est pas un endroit pour passer à toute vitesse ; il vous invite plutôt à vous immerger dans son rythme lent. Des sommets brumeux aux marchés animés, le Laos incarne la résilience, la beauté et un lien durable avec la nature et l'histoire.

Nous vous invitons à visiter le Laos non pas en tant que touriste, mais en tant qu'invité désireux de découvrir la richesse de sa culture, la compassion de son peuple et la beauté intacte de son environnement. Préparez-vous à entrer dans un univers où le temps a un sens différent et où le voyage est tout aussi captivant que la destination.

À propos de ce livre

Ce guide est une boussole pour l'âme de chaque voyageur, indiquant les battements de cœur des villes laotiennes, les murmures feutrés de la nature et l'amitié tacite trouvée autour d'un bol de saut. C'est une invitation à errer, à enquêter et à comprendre la beauté diversifiée du Laos. Dans ces pages, vous trouverez un trésor d'informations détaillées qui ont été soigneusement organisées pour garantir que, que vous soyez un routard solitaire, une famille en quête de grande aventure ou à la recherche de luxe au milieu des échos d'un monde antique, vous Vous découvrirez des sentiers suffisamment fréquentés pour rendre votre voyage à travers le Laos fluide et mémorable.

Notre approche est pratique, informative et culturellement sensible, vous offrant non seulement une logistique de voyage, mais également un lien plus profond avec les lieux que vous visiterez. Vous verrez tout de suite que ce guide est conçu pour être le plus convivial possible. Nous avons organisé les informations en divisions simples allant du tourisme à la gastronomie, de l'hébergement aux transports, et de la culture aux conseils pratiques.

1. Visites touristiques : Nous mettons en avant à la fois les célèbres et les obscurs, garantissant que vous pourrez mélanger lieux populaires et rencontres hors des sentiers battus.

2. Hébergement : Des familles d'accueil aux complexes hôteliers haut de gamme, nos offres s'adressent à tous les goûts et à tous les budgets, offrant un véritable avant-goût de l'hospitalité laotienne.

3. Vos papilles gustatives sont sur le point d'être ravies. Notre guide de la cuisine laotienne vous fera découvrir les spécialités locales et les meilleurs endroits pour les déguster.

4. Transport : Se déplacer au Laos est une aventure en soi, et nous vous présenterons les différentes alternatives, des tuk-tuks aux bateaux fluviaux, avec des suggestions sur la façon de naviguer comme un local.

5. Culture : découvrez les cultures, les traditions et l'étiquette du Laos pour améliorer votre expérience de voyage et vous assurer de traiter tout le monde avec respect.

6. Voyagez en toute confiance, préparé avec des connaissances actuelles en matière de visas, de santé, de sécurité et de communication.

7. Itinéraires : Pour vous aider à profiter au maximum de votre séjour ici, nous avons créé des itinéraires en fonction de vos intérêts et de la durée, que vous soyez ici pour un week-end ou un mois.

8. Hors réseau : Pour ceux qui souhaitent aller au-delà du guide, nous vous conseillons sur la manière d'explorer en toute sécurité les zones moins fréquentées.

Ce livre est plus qu'un simple recueil de faits ; c'est une ressource vivante qui répond aux nouveaux développements et changements. Le Laos est un pays qui s'ouvre peu à peu, révélant ses mystères et de nouvelles perspectives d'aventure.

Le Laos vous étonnera, vous surprendra et vous embrassera. Permettez à ce guide de servir de début à de nombreuses étapes d'un voyage qui s'annonce aussi varié et vivant que le pays lui-même. Profitez de l'aventure et laissez l'âme du Laos vous emmener vers des moments dont vous vous souviendrez toute votre vie.

Remerciements

Le parcours pour créer le « Guide de voyage du Laos 2024 » a été aussi enrichissant et diversifié que le pays qu'il représente. Ce voyage, de la conception à la publication, n'aurait pas été possible sans l'aide et la participation de nombreuses personnes dont l'amour pour le Laos transparaît à travers ces pages.

Nous remercions les guides et spécialistes locaux qui ont offert leur connaissance approfondie de l'histoire, de la culture et de l'environnement du Laos. Leurs points de vue ont été inestimables pour garantir l'exactitude et l'étendue des informations proposées.

Nos remerciements vont à la communauté des expatriés au Laos pour leur attitude aimable et leur volonté de proposer des histoires personnelles et des conseils qui ont ajouté des points de vue distincts à notre livre.

Nous sommes reconnaissants envers les innombrables touristes qui ont exploré les paysages du Laos et offert leurs expériences et suggestions, faisant de ce livre non seulement un réservoir de connaissances mais aussi une tapisserie de souvenirs partagés.

Nous devons reconnaître les efforts minutieux de notre équipe de recherche sur le terrain, qui s'est rendue aux quatre coins du Laos pour confirmer les détails, des routes sinueuses des villages de montagne aux rues animées des grandes villes.

Des remerciements particuliers vont au peuple laotien, dont la gentillesse, la générosité et les sourires éternels ont fait de la recherche et de la production de ce guide un véritable travail d'amour. C'est leur énergie qui rend véritablement une visite au Laos inoubliable.

Enfin, nous souhaitons vous remercier, lecteur, de nous avoir rejoint dans notre voyage au Laos. Ce manuel prend vie grâce à votre curiosité et votre soif d'aventure. Que les chemins que vous choisissez soient pleins d'émerveillement et que les histoires que vous recueillez soient aussi éclairantes que l'aventure elle-même.

CHAPITRE UN

L'histoire en quelques mots

Le Laos, anciennement connu sous le nom de République démocratique populaire lao, est un pays avec une histoire aussi variée que le fleuve Mékong qui le traverse. C'est une histoire marquée par l'isolement et la domination régionale, les échanges et conflits culturels, ainsi que la recherche d'identité et d'autonomie.

1. Fondations anciennes : L'histoire du Laos remonte au 4ème siècle, lorsque le roi Fa Ngum fonda le premier royaume laotien, Lan Xang, avec l'aide de l'empire khmer en 1353. Lan Xang, qui signifie « million d'éléphants », prospéra. comme une grande monarchie d'Asie du Sud-Est en raison de son emplacement stratégique et de ses plaines luxuriantes.

2. Du Moyen Âge à la période coloniale : Lan Xang a prospéré jusqu'au XVIIIe siècle, date à laquelle elle a commencé à se désintégrer en raison des guerres internes et de la pression des pays voisins. Le royaume fut finalement divisé en trois principautés distinctes : Vientiane, Luang Prabang et Champassak. Le Siam (la Thaïlande actuelle) a exercé une influence sur les régions laotiennes au XIXe siècle, ce qui a fait de la région un vassal siamois.

3. Indochine française : Au fur et à mesure de l'expansion de leur colonie indochinoise, les Français ont acquis le contrôle du Laos par parties à la fin du XIXe et au début du XXe siècle, le fusionnant avec l'Indochine française en 1893. Cette période a introduit des influences culturelles françaises, notamment dans l'architecture et l'urbanisme. que l'on peut encore voir aujourd'hui.

4. La Seconde Guerre mondiale et la brève occupation du Laos par le Japon ont perturbé la domination française, jetant les racines du nationalisme laotien. Le Laos a cherché son indépendance après la guerre, qui a culminé en 1953. La paix a cependant été de courte durée, car le Laos a été rapidement impliqué dans la Seconde Guerre d'Indochine (la guerre du Vietnam), la situation stratégique du pays en faisant un champ de bataille pour des idéologies opposées. .

5. Ère moderne : Le mouvement communiste Pathet Lao a pris le contrôle du pays en 1975, entraînant la fondation de la République démocratique populaire lao. Depuis lors, le Laos entretient des relations étroites avec le Vietnam et vient tout juste de commencer à s'intégrer à l'économie mondiale, en rejoignant l'Organisation mondiale du commerce en 2013.

Le Laos est toujours une république socialiste à parti unique. Elle a connu une croissance économique grâce aux investissements dans l'énergie hydroélectrique et à l'augmentation du tourisme. Malgré son industrialisation, le Laos continue de faire face à des problèmes tels que la pauvreté et le développement des infrastructures.

L'histoire du Laos a façonné une nation tenace et forte, tissée à travers des siècles de bouleversements dynastiques, de domination coloniale et de guerre idéologique. Le peuple lao continue de préserver sa riche tradition tout en naviguant dans les courants de la modernité, offrant ainsi un paysage culturel véritablement unique à explorer.

Climat et géographie

Le Laos est un pays enclavé au milieu de la péninsule indochinoise, bordé par la Chine au nord, la Thaïlande à l'est, le Cambodge au sud et le Vietnam à l'ouest. et le Myanmar au nord-ouest. Il s'étend sur environ 236 800 kilomètres carrés, avec une mosaïque de variations topographiques allant des plaines plates aux montagnes Rocheuses, et le fleuve Mékong le traverse sur environ 1 800 kilomètres. Cette immense voie navigable n'est pas seulement vitale pour l'agriculture et les transports ; il constitue également une grande partie de la frontière avec la Thaïlande et constitue un élément fondamental de la culture laotienne.

La topographie est majoritairement montagneuse, notamment au nord, avec plusieurs sommets dépassant les 2 800 mètres. La chaîne Annamite, à l'est, forme une frontière naturelle avec le Vietnam et est reconnue pour sa faune diversifiée. Le plateau des Bolovens, situé au sud, est connu pour son climat plus frais, ses cascades et sa région productrice de café au Laos.

Le Laos a un climat tropical influencé par la saison de la mousson. La saison des pluies dure de mai à octobre, tandis que la saison sèche dure de novembre à avril. La saison sèche est divisée en deux parties : la saison sèche froide et la saison sèche chaude. De novembre à février, la saison froide et sèche se caractérise par une humidité plus faible et des températures allant de 15°C à 30°C. Les températures peuvent atteindre 35°C pendant la saison chaude et sèche, qui dure de mars à avril.

La saison des pluies est caractérisée par de fortes pluies et une humidité élevée, mais la pluie tombe généralement par courtes et fortes giclées qui sont fréquemment suivies par le soleil. La quantité de précipitations varie considérablement selon les régions, les parties sud en recevant beaucoup plus. Le Mékong gonfle et peut souvent inonder pendant cette période, entravant la navigation fluviale.

Meilleure période pour visiter : La saison fraîche et sèche est la meilleure période pour visiter le Laos car le temps est agréable et l'accès aux zones rurales est le plus simple. C'est également le moment idéal pour pratiquer des activités de plein air comme la randonnée dans le nord ou la visite des plantations de café dans le sud.

Préoccupations environnementales : les voyageurs doivent être conscients de leur impact environnemental. Les écosystèmes du Laos sont fragiles et le pays abrite plusieurs espèces menacées. En tant qu'invité, vous êtes encouragé à adopter des pratiques bénéfiques pour l'environnement, à respecter les refuges fauniques et à contribuer aux efforts de conservation.

Comprendre la topographie et le climat du Laos est essentiel pour les visiteurs souhaitant tirer le meilleur parti de leur voyage, car cela influence tout, des options de transport aux vêtements et équipements appropriés. Quelle que soit la période de l'année que vous visitez, la beauté naturelle du Laos et la chaleur de ses habitants laisseront un impact indélébile.

Culture et personnes

Avec plus de 49 groupes ethniques officiellement reconnus, le Laos est un magnifique patchwork de personnes. Les Lao Loum (Laos des basses terres), qui sont ethnolinguistiquement liés aux Thaïlandais et constituent la majorité de la population ; le

Lao Theung (Lao des hautes terres), qui comprend divers groupes Mon-Khmer ; et les Lao Soung (hauts plateaux du Laos), qui comprennent, entre autres, les communautés Hmong et Mien. Cette tapisserie dynamique de civilisations est le résultat d'une vaste diversité ethnique, chacune avec ses traditions, ses langues et ses systèmes sociaux.

1. Langue et religion : La langue officielle est le laotien, une langue tonale proche du thaï et largement parlée. De nombreux groupes ethniques conservent cependant leurs langues distinctes. Le bouddhisme est une partie essentielle de la culture laotienne. La forme majeure du bouddhisme, le bouddhisme Theravada, a un impact sur tout, des festivals à la vie quotidienne. Les temples bouddhistes (wats) sont des lieux de rassemblement communautaire et il est typique de voir des moines en robe orange recueillir l'aumône au lever du jour.

2. Patrimoine culturel : La culture du Laos est inextricablement liée à ses activités religieuses. Ce lien se reflète dans les nombreuses festivités du pays, notamment le Nouvel An lao (Pi Mai Lao) qui a lieu en avril. Les courses de bateaux, les défilés et les cérémonies d'éclaboussures d'eau reflètent à la fois les aspects religieux et sociaux de la culture laotienne.

3. Les arts traditionnels sont très importants dans la civilisation laotienne. La musique et la danse, notamment la musique

classique de cour connue sous le nom de « Lam Luang », sont des éléments essentiels des festivals culturels. Les métiers comme le tissage de la soie, l'argenterie et la sculpture sur bois ne sont pas seulement des sources de revenus, mais aussi des moyens de maintenir et de transmettre la culture laotienne.

4. La cuisine laotienne, bien que similaire aux cuisines thaïlandaise et vietnamienne, se distingue par son utilisation d'herbes, d'amertume et de riz gluant comme aliment de base. Les plats traditionnels incluent le "Laap" (un combo de porc ou de poisson mariné épicé) et le "Tam Mak Houng" (une salade de papaye verte épicée). Les visiteurs devraient essayer le café laotien, cultivé sur le plateau des Bolovens et réputé pour sa qualité.

5. Le respect des aînés et de la hiérarchie est un élément important de l'interaction sociale laotienne. Une tenue modeste est attendue lors de la visite de temples ou de communautés rurales. Avant d'entrer dans une maison ou un lieu de culte, il est de tradition d'enlever ses chaussures.

6. Les visiteurs doivent participer au (Tak Bat), une cérémonie d'aumône avec respect et de préférence avec les conseils d'un local sur le protocole approprié.

7. Préservation culturelle : Au lendemain de la mondialisation, le Laos a mis davantage l'accent sur la conservation de son

héritage culturel. L'artisanat traditionnel, les traditions et les diverses langues de ses groupes ethniques sont protégés par des programmes et des lois. Soutenir des pratiques touristiques responsables en tant que visiteurs contribue à assurer la durabilité de ces trésors culturels.

Festivals et événements spéciaux

Tout au long de l'année, le Laos célèbre une multitude de festivals et d'événements traditionnels, qui offrent aux touristes d'excellentes opportunités de s'immerger dans la riche culture et les traditions du pays. Voici quelques-uns des plus remarquables :

1. Pi Mai Lao (Nouvel An laotien) - avril : Pi Mai Lao, ou Nouvel An laotien, est la célébration la plus fréquemment observée dans le pays. Elle a lieu à la mi-avril et marque le début de l'année bouddhiste. Vous verrez de tout, des concours de beauté aux défilés et processions au cours de cette célébration de trois jours. L'eau est cruciale dans l'histoire, représentant la purification et l'élimination des péchés et de la malchance. Les habitants et les visiteurs participent à des activités de jets d'eau qui, outre le symbolisme religieux, apportent un soulagement bienvenu à la chaleur d'avril.

2. Mai/juin : La Boun Bang Fai (cérémonie des fusées) est une cérémonie bruyante et joyeuse de fabrication de la pluie pré-bouddhiste au cours de laquelle des fusées en bambou fabriquées à la main sont lancées dans le ciel pour implorer les dieux de la pluie de déverser leurs bénédictions sur les rizières. Il y aura de la musique, de la danse et de nombreuses festivités locales.

3. Boun Khao Phansa (Carême bouddhiste) - Juillet : Début du Carême bouddhiste, trois mois pendant la saison des pluies, lorsque les moines se retirent dans leurs temples pour méditer et étudier. Ce jour-là, les Laotiens visitent Wats pour faire des offrandes et, dans certains endroits, des processions aux chandelles ont lieu.

4. Haw Khao Padap Din (Jour des Morts) - septembre : Haw Khao Padap Din est un événement solennel mais important au cours duquel les Laotiens rendent hommage aux ancêtres décédés. Les gens visitent les temples pour faire des offrandes, et des bateaux miniatures munis de bougies sont souvent lâchés dans les rivières, créant un spectacle de lumière époustouflant.

5. Boun Ok Phansa et Boun Lai Heua Fai (Festival des bateaux légers) - Octobre : Boun Ok Phansa célèbre la fin du carême bouddhiste. Elle est marquée par des aumônes et des processions aux chandelles. Peu de temps après, les rivières sont illuminées par des bateaux magnifiquement décorés, remplis de bougies, d'encens et de fleurs, qui dérivent pour rendre hommage aux esprits de la rivière et à Bouddha.

6. Festival That Luang - novembre : Ce festival, organisé à Vientiane au monument le plus sacré du pays, Pha That Luang, comprend une magnifique foire, un défilé et des activités

religieuses qui attirent des visiteurs de tout le Laos. C'est une période de célébration, de zèle religieux et de fierté nationale.

7. Nouvel An Hmong - décembre : Cet événement brillant est célébré par le peuple Hmong et peut durer jusqu'à un mois. Il implique une variété d'événements culturels, y compris le jeu traditionnel de lancer de balle Hmong, qui sert de forme d'interaction sociale, en particulier pour les jeunes célibataires, des danses traditionnelles et la présentation de vêtements Hmong extravagants.

Lorsque vous visitez le Laos pendant ces vacances, vous verrez le pays dans sa forme la plus vibrante, joyeuse et religieuse. Les dates de certains festivals dépendent du calendrier lunaire et peuvent varier d'une année à l'autre. Lorsque vous organisez votre voyage, vérifiez toujours les calendriers locaux pour connaître les dates spécifiques.

Gouvernement, politique et économie au Laos

Qui commande ici ? Le Laos, comme cet ami qui préfère faire ce qu'il veut, est l'une des dernières républiques communistes à soutenir ouvertement le communisme. Considérez cela comme un retour en arrière politique avec un système de parti unique dominé par le Parti révolutionnaire populaire lao (LPRP). Le LPRP est en charge ici, donc aucun visage de poker n'est requis.

1. Le président, ou le pho, est le gros fromage qui sert à la fois de chef de l'État et de chef du gouvernement. Mais il y a aussi le Premier ministre, qui agit comme le bras droit du président, administrant les opérations quotidiennes du pays.

2. Politique : un rythme calme La politique laotienne n'est pas l'objet de gros titres juteux des tabloïds. Il ressemble à une rivière au courant lent plutôt qu'à une cascade spectaculaire, ce qui convient à un pays qui abrite le lent Mékong. Le Laos s'est progressivement orienté vers un marché plus ouvert depuis l'ouverture de son économie dans les années 1980, bien qu'à son rythme lent. Il n'y a ni précipitation ni tracas.

3. Money Talks : L'économie Maintenant, place à l'économie, qui est une histoire de Cendrillon ! Le Laos était autrefois plutôt isolé, avec une économie aussi enclavée que le pays lui-même. Mais ensuite, l'économie a commencé à s'ouvrir et à exploser – la croissance économique a commencé à se produire comme s'il s'agissait d'un conte de fées. L'agriculture est ici la bonne marraine, employant plus de 70 % de la population, avec le riz comme vedette du spectacle.

4. Mais le récit s'épaissit avec l'hydroélectricité, l'exploitation minière et le tourisme qui, comme les souris et les citrouilles

qui travaillent dur, deviennent des coachs pour aider l'économie. Grâce à son potentiel hydroélectrique, le Laos aspire à devenir un pôle énergétique régional. Et les touristes ? Ils constituent une foule en adoration, apportant le kip (la monnaie locale) indispensable au maintien de l'économie.

5. La scène internationale Le Laos est la Suisse de l'Asie du Sud-Est, avec une politique étrangère neutre et des relations amicales avec presque tout le monde. Ils sont membres de l'ASEAN (Association des nations de l'Asie du Sud-Est) et leurs connaissances vont des amateurs de baguette française aux camarades communistes du Vietnam et de la Chine.

Quel est le problème ? Chaque conte de fées a un méchant, n'est-ce pas ? Les suspects habituels sont présents ici : la pauvreté, les besoins en infrastructures et le problème difficile de développer l'économie sans détruire le magnifique paysage laotien.

C'est tout ce qu'on peut en dire! En un mot, le gouvernement, la politique et l'économie du Laos. C'est un lieu qui reste fidèle à son histoire tout en accueillant avec méfiance le changement, comme un slow qui accélère le rythme.

La scène verte du Laos : conservation et environnement

Bienvenue au Laos, où le « vert » est plus qu'une simple couleur : c'est un mode de vie ! Le Laos, niché au cœur de l'Asie du Sud-Est, est comme un enfant tranquille à la fête avec une aptitude cachée pour la peinture ; seule sa toile est le grand air.

1. Des forêts pendant des jours : Avant tout, les forêts. Ce ne sont pas des forêts ordinaires ; ce sont des forêts fraîches. Plus de la moitié du pays est recouverte de teintes émeraude, des jungles des plaines aux forêts nuageuses qui se dressent comme des couronnes vaporeuses sur les sommets. Ce ne sont pas seulement de jolis endroits pour de superbes selfies ; ils abritent également un fan club de la faune sauvage qui ferait pâlir tout naturaliste. Des éléphants ? Vérifier. Des tigres ? Chose sûre. Des Gibbons ? Absolument. Sans parler des milliers d'espèces végétales qui mettent le « bio » dans « biodiversité ».

2. De l'eau, de l'eau, de l'eau : Et puis il y a l'eau. Le fleuve Mékong est la vedette du spectacle ici, se frayant un chemin à travers le Laos comme une artère vitale qu'il est. C'est le genre de rivière qui transforme les civilisations, les moyens de subsistance et des écosystèmes entiers, et pas seulement le poisson pour le dîner.

3. Le débat sur la conservation : Le Laos prend désormais sa verdure au sérieux, mais c'est un travail difficile. La conservation, c'est comme jongler en conduisant un monocycle dans cette ville. D'un côté, vous avez ces formidables ressources naturelles (pensez à l'hydroélectricité et à l'exploitation minière) qui sont un gage de prospérité économique. D'un autre côté, il y a un besoin de sauvegarde et de préservation, ce qui est important quand on vit dans l'une des zones les plus riches en biodiversité de la planète.

5. Pour maintenir l'équilibre, les parcs nationaux et les lieux protégés apparaissent plus fréquemment que les flaques de mousson. La zone protégée nationale de Nam Ha n'est pas seulement belle ; cela fait également partie d'un plan plus vaste visant à garder le Laos luxuriant.

6. Changement climatique et défis : N'oubliez pas l'éléphant dans la pièce : le changement climatique. C'est comme cet invité désagréable qui refuse de partir. Des conditions météorologiques étranges et des précipitations changeantes : tout cela fait désormais partie de l'accord, et le Laos se prépare à y faire face de front.

Quel est le problème avec l'écotourisme ? L'écotourisme est le nouvel enfant branché de la ville, offrant un moyen de découvrir le côté sauvage du Laos sans laisser une empreinte de la taille d'un yéti. Il s'agit d'explorer de manière éthique, d'aider les communautés locales et éventuellement d'apprendre quelque chose sur ce qui rend l'environnement laotien si unique.

Rejoignez l'équipe verte : en tant que voyageurs, vous êtes comme les pom-pom girls de l'équipe verte. Vous donnez un high-five à Mère Nature chaque fois que vous admirez une cascade sans laisser de traces d'emballages de collations, ou lorsque vous choisissez un lodge dans la forêt tropicale qui donne la priorité à la durabilité.

Ella Trekker

CHAPITRE DEUX

Exigences de visa au Laos

Si vous souhaitez visiter le Laos pour votre prochain voyage, assurez-vous que votre visa est en règle. Heureusement, le Laos est assez détendu en matière de visas, surtout si vous voyagez depuis un pays figurant sur sa liste « amicale », qui comprend la majorité des pays occidentaux.

1. Visa à l'arrivée : Pour de nombreux passagers, obtenir un visa à l'arrivée, c'est comme se serrer la main. Il est accessible aux personnes de divers pays et vous pouvez en obtenir un à la plupart des points d'entrée, y compris les aéroports de Vientiane, Luang Prabang et Paksé, ainsi qu'à divers points de passage terrestres. Assurez-vous que votre passeport est valide pendant au moins six mois avant son expiration, sinon vous pourriez recevoir un triste trombone au lieu d'un tampon de visa.

Voici la routine standard :

1. Remplissez le formulaire de candidature (qui peut être distribué dans l'avion ou à l'aéroport).

2. Donnez-moi votre photo d'identité – faites-en une bonne photo, car vous la montrerez dans chaque maison d'hôtes.

3. Effectuez le paiement. C'est normalement en dollars américains, alors ayez-en quelques-uns croustillants à portée de main. Les frais varient en fonction de votre nationalité, mais ils se situent normalement entre 30 $ et 42 $.

4. Attendez quelques minutes, récupérez votre passeport avec un tout nouveau visa et vous êtes prêt pour 30 jours de bonheur laotien.

5. E-Visa : Vous voulez éviter les longues files d'attente ? Un visa électronique est similaire à un pass rapide dans un parc à thème. Avant de voyager, vous postulez en ligne, ajoutez vos informations et une photo, et payez les frais. Le visa est ensuite envoyé dans votre boîte de réception. Imprimez-le, emballez-le et apportez-le avec vous à votre arrivée. Simple, riz et ringard !

Conseils de pro :

1. Avant de partir, vérifiez les critères les plus récents, car les restrictions peuvent changer plus rapidement que le Mékong pendant la saison de la mousson.

2. Certains postes frontaliers peuvent ne pas fournir de visa à l'arrivée. Un visa électronique peut donc vous faire gagner beaucoup de temps.

3. Gardez à tout moment quelques photos d'identité et dollars supplémentaires dans votre sac, car vous ne savez jamais quand vous en aurez besoin.

4. Si vous dépassez la durée de votre visa, vous serez condamné à une amende pour chaque jour supplémentaire. Ce n'est pas le genre de souvenir que vous recherchez.

6. Extensions de visa : Vous êtes tombé amoureux du Laos et vous ne pouvez pas partir ? Des extensions de visa sont disponibles dans les grandes villes comme Vientiane et Luang Prabang. Cela vous coûtera une somme modeste pour chaque jour supplémentaire, mais vous pourrez passer plus de temps au royaume des lotus.

Laos Vaccinations et conseils santé

Parlons de vaccinations et de précautions sanitaires avant de faire vos valises et de vous envoler pour le Laos. Parce que vous voulez seulement rapporter de merveilleux souvenirs et peut-être une écharpe laotienne de votre voyage, pas un insecte tropical.

1. Pensez aux vaccinations : Personne n'aime les aiguilles, mais quelques coups avant votre départ peuvent vous éviter bien des ennuis. Voici un aperçu de ce dont vous pourriez avoir besoin :

2. Vaccinations : assurez-vous que les suspects types sont à jour. Ce groupe comprend le ROR, la diphtérie-tétanos-coqueluche, la varicelle (varicelle), la polio et votre vaccination annuelle contre la grippe.

3. Hépatite A et typhoïde : elles peuvent être trouvées dans des aliments ou de l'eau contaminés au Laos. Ces vaccinations sont donc recommandées, sauf si vous prévoyez de jeûner.

4. Hépatite B : Ce virus peut être contracté par contact sexuel, par des aiguilles contaminées ou par des traitements médicaux. Il vaut mieux prévenir que guérir, surtout si vous avez l'intention de vous faire tatouer ou percer pour commémorer vos voyages.

5. Pensez à l'encéphalite japonaise si vous avez l'intention de passer beaucoup de temps dehors ou de faire un long voyage. Ce virus dangereux peut être transmis par les moustiques au Laos.

6. Rage : Serez-vous un explorateur de la jungle ou travaillerez-vous avec des animaux ? Alors celui-ci est fait pour vous. Bien que les chiens des rues soient souvent mignons, ils peuvent aussi être porteurs.

Il n'existe pas de vaccin contre le paludisme ; cependant, il existe des médicaments préventifs. Consultez votre médecin pour savoir si ceux-ci vous conviennent en fonction de votre itinéraire au Laos.

Conseils généraux de santé :

1. Mosquito Madness : Apportez et utilisez un anti-insectes contenant du DEET. Au Laos, les moustiques ne sont pas seulement gênants ; ils peuvent également transmettre la dengue, le paludisme et d'autres maladies.

2. Buvez beaucoup d'eau en bouteille pour éviter la déshydratation car il fait chaud et vous transpirez plus que d'habitude.

4. Mangez intelligemment : privilégiez les aliments cuits et épicés. Les fruits qui peuvent être pelés sont appréciés. Est-ce cru ? À moins que ce ne soit dans un restaurant reconnu, pas tellement.

5. Soyez conscient du soleil : Le soleil laotien ne doit pas être pris à la légère. Appliquez un écran solaire SPF 30+, mettez un casque, puis mettez ces lunettes de soleil.

6. Assurance voyage : Bien qu'il ne s'agisse pas strictement d'une recommandation en matière de santé, avoir une assurance voyage comprenant une évacuation médicale peut

vous sauver la vie. Les installations médicales au Laos peuvent ne pas répondre à vos attentes, en particulier dans les zones reculées.

Avant que tu partes:

1. Rendez-vous avec un médecin : Rencontrez votre professionnel de la santé ou consultez un professionnel de la santé en voyage au moins un mois avant votre voyage pour déterminer ce dont vous avez besoin.

2. Préparez une trousse de santé, qui devrait comprendre des fournitures de premiers soins, tous les médicaments sur ordonnance que vous prenez et éventuellement des médicaments en vente libre pour les affections courantes liées aux voyages, comme la diarrhée du voyageur.

Liste de colisage essentielle au Laos

Faire ses valises pour le Laos est similaire à faire ses valises pour un voyage épique ; vous devez être prêt à faire des visites de temples, des randonnées en montagne et tout le reste. Voici ce qui devrait contenir votre sac ou votre sac à dos :

Argent et documents :

1. Passeport (et, si nécessaire, visa)

2. Informations sur l'assurance voyage

3. Photocopies des documents importants (conservez-les séparément)

4. Les monnaies locales (Lao Kip) et les dollars américains (billets croustillants) sont acceptés.

5. Cartes de crédit/débit (assurez-vous d'informer votre banque de vos projets de vacances)

6. Liste des contacts d'urgence

Vêtements:

1. Des vêtements légers et respirants

2. Pour les visites au temple et la prévention contre les insectes, portez des pantalons longs et des chemises à manches longues.

3. Des chaussures de marche ou des sandales confortables

4. Chaussures de douche ou chaussures de promenade décontractées

5. Chapeau ou casquette de protection solaire

6. Maillots de bain pour les plongées en cascade

7. Un imperméable ou un poncho (surtout si vous voyagez pendant la saison des pluies)

8. Pour les soirées fraîches dans les Highlands, apportez une polaire ou un pull.

Hygiène et Santé :

1. Ordonnances et médicaments personnels

2. Prophylaxie contre le paludisme (si votre médecin le recommande)

3. Insectifuge à base de DEET

4. Crème solaire SPF avec baume à lèvres

5. Trousse de premiers secours (pansements, lingettes antiseptiques, sels de réhydratation)

6. Lingettes humides et désinfectant pour les mains

7. Trousse de toilette avec des essentiels pour voyager

8. Serviette de voyage

Gadgets et équipements :

1. Un sac à dos ou un sac à dos résistant

2. Une bouteille d'eau réutilisable (de préférence avec un filtre intégré)

3. Adaptateur pour voyage universel

4. Banque d'alimentation de chargement électronique

5. Des piles supplémentaires ou un chargeur pour l'appareil photo

6. Un sac de couchage léger ou un drap de voyage (pour les auberges ou les familles d'accueil).

7. Piles supplémentaires pour une lampe de poche ou une lampe frontale

8. Des bouchons d'oreilles et un masque pour les yeux (si vous dormez légèrement)

Divers:

1. Un cadenas solide pour vos bagages ou casiers d'hôtel.

2. Sacs à fermeture éclair pour ranger les appareils et les documents

3. Pour les trajets en bateau ou pendant la saison des pluies, apportez un sac étanche.

4. Un guide de voyage et une carte

5. Un cahier et un stylo pour écrire ou noter des notes linguistiques

6. Un livre ou une liseuse portable

Éléments de sensibilité culturelle :

1. Un paréo ou un châle pour se couvrir au niveau des tempes ou au besoin

2. Habillez-vous modestement pour respecter la culture locale.

3. Confort et divertissement :

4. Un jeu de cartes ou de petits jeux portables

5. Les longs voyages en bus ou en avion nécessitent un oreiller de voyage.

6. Écouteurs avec suppression du bruit

Suppléments en option:

1. Équipement de plongée en apnée (si vous avez l'intention d'explorer des rivières ou des plans d'eau)

2. Bâtons de randonnée trekking

3. Des jumelles pour voir les animaux

Les choses à faire et à ne pas faire sur le plan culturel au Laos

Le Laos, avec ses villes paisibles et ses environs magnifiques, est aussi calme que possible. Cependant, aussi détendue que soit l'atmosphère, il y a des conventions culturelles à connaître. Alors, passons en revue les choses à faire et à ne pas faire pour vous garder dans les bonnes grâces des locaux.

Faire:

1. Habillez-vous modestement : Ceci est particulièrement important lorsque vous visitez des temples et des lieux ruraux. En signe de respect, les épaules et les genoux doivent être couverts.

2. Retirez vos chaussures : C'est un geste de respect que de retirer vos chaussures en entrant dans la maison de quelqu'un ou dans un temple.

3. Saluez correctement : La salutation traditionnelle, le « nop », se fait en rapprochant vos paumes dans un geste semblable à une prière près de votre poitrine et en vous agenouillant légèrement. C'est courtois et cela fait sourire les gens.

4. Utilisez votre main droite : Votre main droite est considérée comme la main « propre », que ce soit pour manger ou pour donner/recevoir des choses.

5. Prévoyez l'heure du Laos : les choses évoluent à un rythme plus lent ici. Ne vous précipitez pas ; au lieu de cela, acceptez-le.

6. Respectez les images de Bouddha : Ne touchez pas, ne grimpez pas dessus et ne photographiez pas de manière irrespectueuse les statues de Bouddha.

7. Acceptez l'hospitalité : Les Laotiens sont extrêmement accueillants. Il est courtois d'accepter de la nourriture ou des boissons, même si vous n'en prenez qu'une petite gorgée ou une bouchée.

Ne le faites pas:

1. Touchez les têtes : La tête est sacrée dans la culture laotienne. Ne tapotez jamais la tête d'un jeune, aussi mignon soit-il.

2. Pointez vos pieds : Tant physiquement que spirituellement, les pieds sont considérés comme la partie la plus basse du corps. Éloignez-les des humains ou des objets religieux.

3. Montrez de l'affection au public : Le Laos est un pays conservateur. Gardez le PDA (démonstration publique d'affection) au minimum.

4. Élevez la voix : se mettre en colère ou exprimer de l'irritation est un non-non qui peut vous coûter la face.

5. Prenez des photos sans autorisation : obtenez toujours la permission avant de photographier quelqu'un.

6. Donner de l'argent aux enfants des rues peut conduire à un cycle de mendicité. Pensez plutôt à faire un don à des organisations à but non lucratif reconnues.

7. Participez à des activités illégales : les lois sur les drogues sont strictes et entraînent de lourdes conséquences.

Lorsque vous participez à l'aumône :

1. S'engager avec respect : Si vous participez à l'événement d'aumône, faites-le avec dignité. Suivez les conseils des locaux.

2. Habillez-vous convenablement : Couvrez-vous comme vous le feriez pour une visite dans un temple.

3. Ne pas vous imposer : Si vous êtes là pour regarder, restez à une distance polie et évitez de faire des bruits forts ou de faire clignoter des appareils photo.

Manières alimentaires :

1. Attendez d'être assis : la disposition des sièges est souvent organisée de manière hiérarchique.

2. Essayez tout : Il est poli d'essayer tout ce qui vous est servi.

3. Utilisez le riz gluant comme ustensile : Dans les contextes traditionnels, le riz gluant est utilisé pour ramasser de la nourriture. Suivez l'exemple de vos hôtes.

Préoccupations environnementales:

1. Gardez le Laos beau en ne jetant pas de déchets. Les déchets doivent être éliminés correctement.

2. Respectez la faune en ne la dérangeant pas et en ne la nourrissant pas.

N'oubliez pas que le Laos est plus qu'une simple destination touristique ; c'est une communauté avec de profondes traditions. Respectez-les et vous vivrez une rencontre riche et inoubliable.

La sûreté et la sécurité du Laos

Le Laos est connu pour son environnement décontracté et ses habitants sympathiques, mais comme partout ailleurs dans le monde, il est nécessaire d'être prudent concernant votre sûreté et votre sécurité. Voici comment garder votre sang-froid et passer un agréable voyage :

Sécurité générale :

1. Prenez soin de vos effets personnels : Des vols mineurs, y compris des vols de sacs, peuvent survenir. Surveillez vos affaires à tout moment, en particulier dans les zones très fréquentées et lorsque vous conduisez un tuk-tuk ou une moto.

2. Voyagez en groupe la nuit : évitez de vous promener seul la nuit tombée, en particulier dans les zones rurales.

3. Méfiez-vous de la circulation venant en sens inverse : la circulation peut être imprévisible et les conditions routières peuvent varier. Portez un casque et conduisez de manière défensive si vous louez une moto.

4. Les munitions non explosées (UXO) restent une grave menace dans certaines zones rurales du Laos. Restez fidèle aux sentiers très fréquentés et faites attention aux précautions locales.

Fraudes et escroqueries :

1. Méfiez-vous des escroqueries : méfiez-vous si vous recevez des propositions d'entreprise, des offres de pierres précieuses ou des chances de jeu qui pourraient être des escroqueries.

2. Vérifiez votre monnaie : Pour éviter d'être trompé, familiarisez-vous avec la monnaie locale.

Risques pour la santé et l'environnement :

1. Pour éviter les infections d'origine hydrique, évitez de boire l'eau du robinet et buvez plutôt de l'eau en bouteille ou filtrée.

2. Préparez-vous aux régions éloignées : De nombreuses régions du Laos sont isolées et disposent de peu d'installations médicales. Assurez-vous d'avoir une trousse de premiers secours complète et sachez où se trouve l'hôpital ou le centre médical le plus proche.

Stabilité politique et protestations :

1. Restez informé : restez au courant des nouvelles locales et des conseils officiels aux voyageurs. Évitez les manifestations

politiques et les foules immenses, car elles peuvent devenir violentes.

Alcool et drogues :

1. Dites non aux drogues : La réglementation sur les drogues au Laos est extrêmement stricte. L'achat, la consommation ou le transport de stupéfiants peut entraîner de lourdes amendes, l'emprisonnement, voire la mort.

2. Buvez avec prudence : les bières locales peuvent être plus fortes que celles auxquelles vous êtes habitué. Buvez avec modération et surveillez vos boissons.

Voyageuses :

1. Respectez les normes locales et habillez-vous modestement, en particulier lorsque vous visitez les temples et les zones rurales.

2. Méfiez-vous des voyages en solo : Bien que le Laos soit généralement sûr pour les voyageuses, il est préférable d'être prudent et d'éviter les régions isolées lorsque vous voyagez seule.

Urgences :

1. Connaissez les lignes d'assistance téléphonique : gardez à portée de main les numéros de téléphone de votre ambassade ou de votre consulat, ainsi que ceux des services d'urgence locaux.

2. Assurance voyage : Assurez-vous que votre assurance voyage comprend l'évacuation médicale en cas de blessure ou de maladie grave.

La sensibilisation culturelle:

1. Respectez les lois et coutumes locales : les violations des lois ou coutumes locales peuvent entraîner des amendes, l'expulsion ou l'incarcération.

2. Voyageurs LGBTQ+ : Bien que le Laos soit raisonnablement amical, les manifestations publiques d'affection envers tous les couples sont mal vues. Les voyageurs qui s'identifient comme LGBTQ+ doivent faire preuve de prudence.

Vous pouvez contribuer à garantir que votre visite au Laos soit sûre et agréable en restant vigilant, en obéissant aux lois et coutumes locales et en faisant preuve de bon sens. N'oubliez pas que même si la majorité des visites se déroulent sans problème, il est toujours sage de se préparer aux imprévus et de voyager avec prudence.

Assurance et urgences au Laos

L'assurance et savoir quoi faire en cas d'urgence sont des éléments clés pour planifier vos vacances au Laos. Voici un aperçu pour vous aider à vous préparer :

Protection de voyage :

1. Couverture complète : assurez-vous que votre assurance voyage comprend les soins médicaux, l'hospitalisation et l'évacuation médicale vers votre pays d'origine, qui peuvent être assez coûteuses si elles ne sont pas couvertes.

2. Couverture des activités : Si vous envisagez de participer à des activités d'aventure telles que la moto, l'escalade ou le kayak, assurez-vous que votre assurance les couvre spécifiquement.

3. Vol et perte : sélectionnez une assurance qui protège les objets de valeur contre le vol ou la perte, y compris les documents vitaux.

4. Annulation de voyage : recherchez une assurance qui vous protège contre les annulations de voyage ou les perturbations causées par des incidents imprévus.

5. Assistance 24 heures sur 24 : une politique fournissant une assistance 24 heures sur 24 est cruciale pour fournir une assistance immédiate dans différents fuseaux horaires.

En cas d'urgence :

Urgences en médecine :

Au Laos, le numéro d'appel d'urgence courant pour une ambulance est le 195. Cependant, les délais de réponse peuvent être longs et les ambulances et le personnel formé ne sont pas nécessairement de qualité occidentale.

1. Installations médicales : La qualité des soins varie considérablement. Les cliniques internationales de Vientiane sont conseillées pour les affections graves. Dans des circonstances extrêmes, une évacuation médicale vers la Thaïlande peut être nécessaire.

2. Pharmacies : Bien que les pharmacies des zones métropolitaines puissent fournir des médicaments de base,

vérifiez constamment les dates de péremption et méfiez-vous des médicaments contrefaits.

Assistance de la Police :

1. Signalement des délits : le numéro de contact de la police locale en cas de vol ou d'autres délits est le 191. Attention, les policiers locaux ne parlent pas couramment l'anglais.

2. Police touristique : Les agents de la police touristique présents dans certaines localités sont mieux placés pour aider les visiteurs étrangers.

Incendies d'urgence :

1. Service d'incendie : Appelez les pompiers au 190. L'efficacité de ces services, comme celle des autres services d'urgence, varie à travers le pays.

Assistance de l'ambassade :

Conservez à portée de main les coordonnées de l'ambassade ou du consulat de votre pays. Ils peuvent vous aider en cas de problèmes juridiques, de passeports égarés et de situations de crise en cas d'urgence grave.

Problèmes juridiques :

1. Lois locales : Pour éviter les problèmes juridiques, familiarisez-vous avec les lois locales. Les délits liés à la drogue sont passibles de la prison à vie.

2. Détention : Si vous êtes détenu, insistez pour appeler votre ambassade.

Catastrophes naturelles :

1. Tenez-vous au courant : soyez conscient des risques de catastrophe naturelle, tels que la saison de la mousson, qui peuvent provoquer des inondations et des glissements de terrain, et vérifiez auprès des autorités locales ou des médias pour obtenir des avertissements ou des conseils.

2. Itinéraires et plans d'évacuation : soyez conscient des itinéraires et des plans d'évacuation, en particulier si vous séjournez dans une région sensible.

Rappels importants :

1. Ayez sur vous une copie de votre assurance : gardez toujours à portée de main une copie papier et une copie numérique de votre police d'assurance, ainsi que les coordonnées des personnes à contacter en cas d'urgence.

2. Numéros d'urgence locaux : conservez une copie physique de vos principaux documents de voyage et stockez les numéros d'urgence locaux dans votre téléphone.

3. Avoir accès à de l'argent d'urgence pour faire face à des dépenses imprévues telles que des factures médicales ou un hébergement d'urgence.

N'oubliez pas que, même si le Laos est généralement un endroit sûr à visiter, avoir une solide police d'assurance et savoir quoi faire en cas d'urgence vous procure une tranquillité d'esprit et vous permet de profiter pleinement de la beauté et de la culture du pays.

(Par personne) Budget pour un voyage de 7 jours au Laos

1. Vols :

Les tarifs aériens internationaux varient considérablement en fonction de l'endroit d'où vous partez. Un billet aller-retour depuis les États-Unis, par exemple, peut coûter entre 800 et 1 200 dollars en classe économique.

2. Tous :

Les visas touristiques coûtent entre 35 $ et 50 USD à l'arrivée, selon la nationalité.

3. Hébergement :

Les auberges coûtent entre 10 et 20 USD par nuit pour les routards.

Prix moyen : 20 à 60 USD par nuit pour les hôtels ou maisons d'hôtes trois étoiles.

Les hôtels ou complexes de luxe coûtent entre 100 $ et 250 USD par nuit.

4. Nourriture et boissons :

Repas bon marché : 3 à 5 USD par dîner dans des restaurants locaux.

Repas au milieu de la fourchette de prix : 10-15 $ USD par dîner dans des endroits plus chics.

Repas dans les restaurants haut de gamme : 20 à 50 USD par dîner.

Coût journalier estimé : 15 à 70 USD, selon les choix de restauration.

5. Transport :

Vols intérieurs/Transport : Si vous êtes limité dans le temps et souhaitez visiter différentes régions, les vols intérieurs devraient coûter entre 100 $ et 200 USD.

Transferts en bus ou minibus : 10 à 30 USD pour chaque trajet longue distance.

Taxi ou Tuk-tuk : 5 à 10 USD pour les courts trajets ; organiser les frais à l'avance.

La location d'une moto coûte entre 10 et 25 USD par jour.

La location de vélos varie de 2 à 5 USD par jour.

6. Activités et frais d'entrée :

Les frais d'entrée au temple varient de 2 $ à 5 USD.

Les réserves naturelles/parcs coûtent entre 5 $ et 15 $.

Le prix des circuits varie de 10 $ à 100 USD, selon la durée et le type de circuit (visite de la ville, trekking, croisière fluviale, etc.).

7. Divers :

Carte SIM et données : une carte SIM locale avec un abonnement de données coûte entre 10 et 20 USD.

Souvenirs : variables ; budget basé sur le désir personnel.

Blanchisserie, pourboires, etc. : 20 à 50 USD.

8. Urgence/Contingence :

Dépenses inattendues : prévoyez 100 à 200 USD pour tout frais imprévu.

Exemple de budget (voyageur de milieu de gamme) :

Les vols coûtent 1 000 $.

50 USD pour le visa

Hébergement : 35$ par nuit multiplié par 7 nuits soit 245$.

Nourriture et boissons : 25 $ par jour x 7 jours = 175 $ USD

Transport : 150 $ (une combinaison de plusieurs modes de transport).

70 $ pour les activités et les frais d'entrée

50$ Divers

150 $ pour une urgence ou une contingence.

Le coût total estimé est de 1 790 $.

N'oubliez pas qu'il s'agit d'estimations et que les dépenses réelles peuvent différer. Pour créer un budget plus personnalisé, ajustez les chiffres en fonction de la recherche en temps réel et de vos choix. Recherchez également les fluctuations saisonnières des prix, car les touristes en haute saison peuvent entraîner une augmentation des coûts, en particulier pour l'hébergement et les visites.

CHAPITRE TROIS

Aéroports et points d'entrée

Le Laos est un pays enclavé, bien qu'il soit bien relié par voie aérienne, avec plusieurs aéroports internationaux servant de points d'entrée aux touristes. Voici les principaux aéroports et autres points d'entrée courants pour les visiteurs au Laos :

Aéroports internationaux :

1. L'aéroport international de Wattay (VTE) est situé en Thaïlande.

Vientiane, la capitale, est le lieu idéal.

Des vols sont disponibles depuis divers pays asiatiques. Lao Airlines, Thai Airways, Vietnam Airlines et AirAsia font partie des principales compagnies aériennes actives.

Des restaurants, des boutiques hors taxes, des bureaux de change, des locations de véhicules et des services de transport sont disponibles.

2. Aéroport international de Luang Prabang (LPQ)

Luang Prabang est un site du patrimoine mondial de l'UNESCO.

Les vols en provenance de pays adjacents tels que la Thaïlande, le Vietnam, le Cambodge et la Chine assurent la connectivité.

Les restaurants, les magasins, les services de change et les services de navette font partie des équipements de base.

3. L'aéroport international de Paksé (PKZ) est situé à Paksé, en Thaïlande.

Paksé est située dans la province de Champassak, au sud du Laos.

Connectivité : principalement vers des endroits au Laos et à Bangkok, en Thaïlande.

Services : Ce petit aéroport fournit des services essentiels tels que des restaurants, un bureau de change et des taxis.

4. L'aéroport international de Savannakhet (ZVK) est situé à Savannakhet, en Thaïlande.

Savannakhet se trouve au centre du Laos.

Des vols vers/depuis Bangkok et quelques autres destinations étrangères sont disponibles.

Installations : limitées, mais contiennent l'essentiel comme un restaurant et un service de change.

Points d'accès terrestres :

Il existe différents postes frontaliers avec les pays voisins pour toute personne souhaitant entrer au Laos par voie terrestre :

1. Frontières entre la Thaïlande et le Laos :

Le pont de l'amitié n°1 relie Vientiane, au Laos, et Nong Khai, en Thaïlande.

Pont de l'amitié n° 2 relie Mukdahan, en Thaïlande, et Savannakhet, au Laos.

Friendship Bridge 3 : Ce pont relie Nakhon Phanom (Thaïlande) à Thakhek (Laos).

Friendship Bridge 4 : Ce pont relie Chiang Khong (Thaïlande) à Huay Xai (Laos).

2. Frontières entre le Vietnam et le Laos :

Lao Bao (Vietnam) - Dansavanh (Laos) : L'un des postes frontaliers les plus populaires du Vietnam et du Laos.

Un autre lieu de passage populaire est Nam Phao (Laos) - Cau Treo (Vietnam).

3. Frontière entre le Cambodge et le Laos :

Le seul poste frontière officiel entre les deux nations se trouve à Voeung Kam (Cambodge) et Dom Kralor (Laos).

4. Frontière entre la Chine et le Laos :

Mohan (Chine) - Boten (Laos) : Cette traversée relie Kunming à Luang Prabang.

Entrées de la rivière :

1. Le fleuve Mékong :

Les voyageurs peuvent entrer au Laos depuis la Thaïlande sur de nombreux sites le long du fleuve Mékong, en particulier dans la région du Triangle d'Or.

Rappels importants pour l'entrée :

1. Visas : Déterminez si vous devez obtenir un visa à l'avance ou si vous pouvez en obtenir un à votre arrivée. La plupart des aéroports internationaux et des postes frontaliers terrestres proposent des services de visa à l'arrivée.

2. Horaires des frontières : Les postes frontaliers ne sont pas ouverts sept jours sur sept, 24 heures sur 24. Vérifiez les heures d'ouverture du poste frontalier que vous avez l'intention d'utiliser.

3. Considérez vos options de transport du point d'entrée à votre hébergement. Certaines frontières sont plus éloignées et les alternatives de transport peuvent être limitées ou doivent être organisées à l'avance.

4. Papiers : Préparez tous les papiers nécessaires, y compris votre passeport, votre visa (si nécessaire avant votre arrivée) et tous les billets de voyage.

5. Monnaie : c'est une bonne idée d'avoir du kips laotien à portée de main à votre arrivée, tandis que le baht thaïlandais et le dollar américain sont également régulièrement acceptés aux postes frontaliers pour les frais de visa.

Vous pouvez facilement commencer votre voyage au Laos en atterrissant dans l'un des aéroports internationaux ou en empruntant la route ou le fleuve. Organisez simplement votre voyage et préparez les papiers nécessaires pour une entrée en douceur dans le pays.

Compagnies aériennes qui offrent les vols les plus confortables

Les compagnies aériennes qui offrent un meilleur service, un espace accru pour les jambes, des divertissements en vol de qualité et des commodités offrent souvent l'expérience de vol la plus confortable. Ces compagnies aériennes sont souvent classées comme transporteurs à service complet et sont fréquemment bien notées par des groupes comme Skytrax. Les compagnies aériennes suivantes sont réputées pour offrir une expérience de voyage confortable, en particulier dans leurs cabines affaires et première classe :

Meilleures compagnies aériennes mondiales en termes de confort :

1. Singapour Airlines (SIA)

Offre des sièges spacieux, une cuisine délicieuse et un système de divertissement en vol de pointe. Leurs offres de suites et de première classe sont parmi les plus opulentes du ciel.

2. Émirats

Emirates offre un luxe de haut niveau dans toutes les classes, comme en témoigne son salon à bord de l'A380, sa douche spa et ses appartements privés en première classe.

3. Qatar Airlines

En classe affaires, la Qsuite est l'un des articles les plus isolés et les plus confortables proposés, avec des lits entièrement inclinables.

4. All Nippon Airways (ANA)

Avec de nombreux sièges et un service attentionné, l'hospitalité japonaise (Omotenashi) met l'accent sur le confort et le détail.

5. Cathay Pacific Airlines

Les voyageurs peuvent s'attendre à un haut niveau de confort avec de superbes équipements de salon et le célèbre siège Cathay Pacific Business Class.

6. Etihad Airlines

Outre ses Business Studios et ses Appartements de Première Classe, propose sur certains A380 « The Residence », qui est une suite de trois pièces dans le ciel.

7. Lufthansa

Connu pour son service exceptionnel et ses expériences fiables et de haute qualité en Classe Affaires et Première Classe, en particulier sur les vols longue distance.

8. Turkish Airlines est une compagnie aérienne turque.

Ils sont connus pour leur confort et leur luxe, avec l'un des meilleurs services de classe affaires d'Europe et un superbe salon à Istanbul.

9. Qantas

Leurs A380 premium economy et business class sont réputés pour leur confort, en particulier sur les voyages longue distance.

10. Swiss International Air Lines est une compagnie aérienne suisse.

Swiss offre un service soigné qui comprend de nouvelles cabines et une réputation de ponctualité et de propreté.

Omissions notables :

1. Compagnies aériennes néo-zélandaises

Ils proposent un « Skycouch » unique en classe économique qui apporte un confort supplémentaire, notamment sur les trajets long-courriers.

2. Compagnies aériennes Asie-Pacifique

Asiana est réputée pour offrir un bon service et des sièges confortables, en particulier dans les classes premium.

3. Japan Airlines (JAL) est une compagnie aérienne japonaise.

Ils assurent le confort avec la Sky Suite de JAL, qui offre l'un des sièges économiques les plus spacieux et un excellent service dans les cabines premium.

4. Compagnies aériennes coréennes

Les cabines Prestige et Première Classe sont réputées pour leur confort, avec des sièges à plat complet et un service de premier ordre.

5. Delta Airlines Inc.

Les Delta One Suites de Delta, en tant que transporteur américain, offrent intimité et confort au-delà du service national standard de première classe.

Le concept de confort varie d'une personne à l'autre, et de nombreux voyageurs découvrent que des éléments tels que les programmes de fidélité, les réseaux de routes et les efforts de durabilité environnementale peuvent tous avoir un impact sur leur choix de compagnie aérienne. Il convient également de mentionner que, même au sein de ces transporteurs, le type d'avion, la conception de la cabine et le choix des sièges individuels peuvent tous avoir un impact sur le niveau de confort pendant un voyage. Lors de la réservation, c'est toujours une bonne idée de vérifier l'avion exact et le plan des sièges.

Contrôle des frontières et immigration

Lorsque vous visitez un nouveau pays, passer les douanes et l'immigration peut être une expérience effrayante. Voici une explication générale de ce à quoi s'attendre et comment préparer cette procédure :

Immigration

À votre arrivée, vous devez d'abord passer le contrôle d'immigration avant de récupérer les bagages enregistrés. Voici comment franchir cette étape :

1. Formulaires d'arrivée : selon la juridiction, vous devrez peut-être remplir un formulaire d'arrivée détaillant votre identité, vos modalités de voyage et votre déclaration de santé. Ceci est parfois proposé dans l'avion avant l'atterrissage.

2. Contrôle des passeports : À votre arrivée au contrôle des passeports, vous devrez présenter votre passeport et éventuellement un visa, si votre nationalité l'exige. Pour enregistrer votre entrée, la validité de votre passeport sera vérifiée et numérisée.

3. Interrogatoire : Un agent d'immigration peut vous renseigner sur le but de votre visite, combien de temps vous avez l'intention de rester et où vous avez l'intention de rester. Répondez honnêtement et fournissez toute preuve à l'appui, comme une réservation d'hôtel ou une lettre d'invitation.

4. Analyses biométriques : dans le cadre du processus d'admission, plusieurs pays ont besoin d'informations biométriques telles que des empreintes digitales ou une photographie.

Si tout est en ordre, l'agent tamponnera votre passeport d'un cachet d'entrée indiquant la durée de votre séjour.

Douane

Vous irez à la douane après avoir passé le contrôle de l'immigration et récupéré vos bagages. Les processus douaniers impliquent la déclaration des articles et le respect des restrictions du pays sur ce qui peut être importé.

1. Déclaration en douane : Si vous avez quelque chose à déclarer, vous devez le faire sur papier ou aux kiosques spécifiés, selon les procédures douanières. Il peut s'agir d'argent liquide, de nourriture, de plantes ou d'objets coûteux tels que des bijoux ou des appareils électroniques.

2. Canaux vert et rouge : De nombreux aéroports disposent d'un système dans lequel vous choisissez un canal « vert » si vous n'avez rien à divulguer et un canal « rouge » si vous en avez.

3. Scanner les bagages : Dans certains pays, tous les bagages entrants doivent être radiographiés avant de quitter la zone douanière.

4. Les agents des douanes peuvent effectuer des contrôles aléatoires même si vous n'avez rien à déclarer. Respectez toujours les exigences de fouille de vos sacs avec respect.

Suggestions pour un processus fluide

1. Documentation : Gardez votre passeport, visa et autres formulaires nécessaires à portée de main.

2. Connaître les règles : Comprenez quelles choses sont interdites ou limitées, ainsi que les franchises de droits de douane.

3. Soyez honnête : si vous n'êtes pas sûr d'un article, déclarez-le toujours. Le défaut de déclaration peut entraîner des amendes ou d'autres conséquences.

4. Médicaments : Conservez les médicaments sur ordonnance dans leur emballage d'origine, avec une copie de l'ordonnance et un billet du médecin.

5. Alimentation et agriculture : L'importation de nourriture, de plantes et de produits d'origine animale est strictement réglementée dans de nombreux pays. Laissez-le de côté en cas de doute.

6. Déclarez toute somme en espèces dépassant le montant spécifié par la législation du pays.

Les douanes et les procédures d'immigration diffèrent dans chaque pays, il est donc essentiel d'examiner les exigences précises de votre destination avant de voyager. La méthode peut également évoluer en fonction de l'actualité, comme des mesures de sécurité renforcées ou des tests sanitaires en raison d'une épidémie. Avant votre voyage, vérifiez toujours les informations les plus récentes provenant de sources officielles.

Distributeurs automatiques de billets et change

La conversion de devises et l'utilisation des guichets automatiques sont des aspects essentiels des voyages internationaux. Voici ce que vous devez savoir sur la gestion de votre argent au Laos :

1. Le Laos a sa monnaie.

2. La monnaie officielle du Laos est le Lao Kip (LAK).

3. Les dollars américains et les bahts thaïlandais sont très régulièrement acceptés, notamment dans les régions touristiques.

4. Le Kip est couramment utilisé pour les dépenses quotidiennes mineures, tandis que les dollars américains ou le baht sont utilisés pour les dépenses importantes telles que les factures d'hôtel.

Conversion de devises

Aéroports et postes frontaliers : À votre arrivée au Laos, vous pouvez changer des devises à l'aéroport ou au poste frontière. Les tarifs peuvent être plus bas, mais il est pratique d'avoir de l'argent local sous la main.

1. Banques et bureaux de change agréés : visitez les banques ou les bureaux de change agréés dans les villes pour bénéficier de taux de change plus élevés. Vérifiez toujours les tarifs actuels et les frais de commission.

2. Hôtels : Certains hôtels proposent des services de change, cependant, les prix sont souvent inférieurs à ceux proposés par les banques.

3. Reçus : lors de la conversion d'argent, conservez le reçu, car certains endroits peuvent vous le demander si vous souhaitez échanger le Lao Kip dans votre devise d'origine après votre départ.

Utiliser les guichets automatiques

Les guichets automatiques sont largement disponibles dans les zones urbaines telles que Vientiane, Luang Prabang et Pakse. Les guichets automatiques peuvent être rares, voire inexistants, dans les régions rurales, alors préparez-vous en conséquence.

1. Frais pour les retraits aux distributeurs automatiques : votre banque d'origine et la banque laotienne peuvent facturer des frais pour les retraits aux distributeurs automatiques. Effectuer des retraits moins nombreux et plus importants est souvent plus rentable que d'effectuer de nombreux petits retraits.

2. Limites de retrait : les distributeurs automatiques du Laos peuvent avoir une limite de retrait par transaction inférieure à celle à laquelle vous êtes habitué. Cette restriction change selon les banques.

3. Acceptation des cartes : Les cartes les plus généralement acceptées dans les distributeurs automatiques sont Visa et MasterCard. Pour une utilisation internationale, assurez-vous d'avoir un code PIN à 4 chiffres.

4. Informez votre banque : Avant de voyager, informez votre banque de vos projets pour éviter les blocages de sécurité sur votre carte lorsque vous tentez de l'utiliser à l'étranger.

5. Options de sauvegarde : ayez toujours sur vous plusieurs méthodes pour accéder à votre argent, telles que des cartes, des espèces et des chèques de voyage.

Gestion de l'utilisation des devises et des guichets automatiques

1. Échangez une petite somme : à votre arrivée, échangez une petite somme d'argent en Lao Kip contre des dépenses immédiates telles que un taxi ou de la nourriture.

2. De meilleurs taux de change au sein des villes : Pour obtenir les meilleurs taux de change, échangez la majorité de vos devises dans une grande ville.

3. Emportez de petits billets : Les petites coupures de Kip sont essentielles pour les petits achats, car il peut être difficile de trouver de la monnaie pour des billets plus gros.

4. Échange informel : Il n'est pas rare que les petites entreprises échangent des devises, mais méfiez-vous des taux proposés.

5. Utilisez les guichets automatiques dans des zones bien éclairées et sécurisées et soyez conscient de votre environnement.

6. Argent d'urgence : conservez de l'argent d'urgence séparé de votre portefeuille au cas où vous perdriez ou voleriez votre carte.

Si des services de paiement mobile ou des cartes de voyage prépayées sont disponibles et acceptés à votre destination, vous devriez penser à les utiliser. La technologie bancaire s'améliore continuellement et de plus en plus de solutions pour les voyageurs sont disponibles chaque année. Vérifiez toujours auprès de votre banque les informations de voyage et les services les plus récents pour le Laos.

Dispositions initiales

Choisir le bon hébergement pour la première nuit est essentiel pour bien commencer votre voyage au Laos. Voici une liste de contrôle pour vous aider à choisir un logement approprié à votre arrivée :

1. Types d'hébergement

Hôtels : les prix des hôtels situés dans les grandes villes et les sites touristiques varient du prix abordable au luxe. Des piscines, des spas et une bonne cuisine peuvent être disponibles dans les hôtels de luxe.

Maisons d'hôtes : souvent détenues par des familles, les maisons d'hôtes offrent une ambiance chaleureuse et peuvent constituer une option rentable. Ils peuvent offrir moins de commodités mais un service plus personnalisé.

Auberges de jeunesse : idéales pour les routards et les voyageurs solitaires, les auberges proposent à la fois des dortoirs et des chambres privées. Ce sont d'excellents endroits pour rencontrer d'autres voyageurs.

Complexes hôteliers : Pour ceux qui recherchent quelque chose de différent ou de haut de gamme, les complexes hôteliers allient luxe et saveur locale.

Eco-Lodges : des écolodges qui mettent l'accent sur la durabilité et les expériences basées sur la nature peuvent être trouvés dans les zones rurales, en particulier à proximité des parcs nationaux.

Séjourner dans une famille locale peut offrir une expérience immersive de la culture et de l'hospitalité laotiennes.

2. Considérations de sélection

Zone : Pour réduire le temps de trajet, recherchez des chambres dans une zone centrale ou à proximité d'attractions importantes. Être à proximité des transports en commun peut également être avantageux.

Réfléchissez aux équipements qui sont essentiels pour vous, comme le Wi-Fi gratuit, la climatisation, le petit-déjeuner inclus ou les services de navette aéroport.

Avis : Pour déterminer la qualité de l'hébergement, consultez les avis récents d'autres voyageurs sur des plateformes telles que TripAdvisor, Booking.com ou Agoda.

Établissez un budget et recherchez les hébergements offrant le meilleur rapport qualité-prix dans cette fourchette.

Réservation : Utilisez des plateformes de réservation réputées ou le site officiel de l'hébergement. Par rapport aux tarifs sans rendez-vous, il est souvent possible d'obtenir de meilleurs tarifs en ligne.

3. Faire votre première réservation

À l'avance : c'est une bonne idée de réserver vos premières nuits avant d'arriver, surtout si vous arrivez tard dans la nuit ou après un long voyage.

Si vos projets sont flexibles, vous pouvez réserver uniquement la première nuit, puis rechercher d'autres possibilités une fois que vous aurez une idée des lieux.

Horaires d'arrivée/départ : Prenez note des horaires d'arrivée et de départ, et prévenez l'hébergement si vous arrivez en retard afin que votre chambre puisse vous être réservée.

4. Quand vous arrivez

Transport : planifiez comment vous vous rendrez de l'aéroport ou de la gare routière à votre hébergement. Certains établissements proposent un service de navette.

Espèces locales : gardez de l'argent local à portée de main en cas d'urgence, comme une course en taxi ou une caution à l'hôtel.

Conservez les coordonnées de l'hébergement à disposition au cas où vous auriez besoin de les contacter ou de proposer des indications à un chauffeur de taxi.

Hébergements initiaux dans les villes populaires du Laos :

Vientiane :

- Hôtel étoilé à Vientiane à petit prix

- Lao Orchid Hotel est un hôtel de milieu de gamme.

- Crowne Plaza Vientiane est un hôtel luxueux.

- Le Dhavara Boutique Hotel est un hôtel boutique.

- Luang Prabang est une ville du Laos.

- Villa Ban Lakkham à petit prix

- Le Mekong Riverview Hotel est un hôtel de milieu de gamme.

- Belmond La Résidence Phou Vao is a luxury hotel.

- Hillside Nature Lifestyle Lodge est un éco-lodge.

Épais:

- Hôtel-restaurant Paksé à petit prix

- L'Athena Hotel est un hôtel de milieu de gamme.

- Champasak Grand Hotel est un établissement de luxe.

- Le River Resort est un hôtel de charme.

N'oubliez pas que le Laos est un pays en développement et que, même s'il propose une variété d'hébergements, le niveau peut différer de celui des pays plus développés. Abordez toujours avec un esprit ouvert et un esprit aventureux.

Comment se connecter : cartes SIM et Wi-Fi

Il est essentiel de rester connecté lorsque vous voyagez au Laos pour des raisons de commodité et de sécurité. Voici tout ce que vous devez savoir pour obtenir une carte SIM et utiliser le Wi-Fi en voyage :

1. Cartes SIM pour les voyageurs

Obtenir une carte SIM locale est généralement l'option la plus rentable pour rester connecté une fois arrivé.

Les cartes SIM peuvent être obtenues à l'aéroport, dans les magasins de télécommunications officiels et occasionnellement auprès des supérettes ou des vendeurs ambulants. Il est recommandé d'acheter auprès d'un détaillant officiel où vous pouvez obtenir de l'aide à la configuration si nécessaire pour un service plus fiable.

Identification : En raison des règles locales, vous devrez normalement présenter votre passeport lors de l'obtention d'une carte SIM.

Unitel, Lao Telecom et TPlus sont les principaux opérateurs de télécommunications au Laos. Ils proposent de nombreux forfaits de données, d'appels locaux et internationaux.

Couverture : Unitel et Lao Telecom ont la couverture la plus étendue, y compris dans les zones rurales, tandis que la connectivité peut être intermittente en dehors des zones urbaines.

Coût : Les cartes SIM prépayées sont relativement peu coûteuses, tout comme les forfaits de données. Des bons de recharge sont disponibles dans tout le pays.

Inscription : En règle générale, l'entreprise gérera le processus d'inscription et d'activation pour vous. Avant de quitter le magasin, vérifiez que tout fonctionne correctement.

2. Connexion Wi-Fi

En plus d'une carte SIM locale, vous aurez fréquemment accès au Wi-Fi dans divers endroits :

Hôtels et chambres d'hôtes : La majorité des hébergements mettent à disposition une connexion Wi-Fi gratuite à leurs clients. La qualité de la connexion varie considérablement, les lieux métropolitains et haut de gamme offrant souvent un meilleur service.

Cafés et restaurants : De nombreux cafés, notamment ceux des régions touristiques, proposent une connexion Wi-Fi gratuite.

Surveillez les panneaux ou demandez le mot de passe au personnel.

Des points d'accès Wi-Fi peuvent être disponibles dans les lieux publics tels que les aéroports, les arrêts de bus et même les parcs. Ceux-ci ne sont souvent pas protégés et doivent être utilisés avec prudence.

Cafés Internet : en raison de la prévalence des téléphones portables, ils sont moins courants qu'autrefois, mais ils existent toujours et peuvent être trouvés dans les grandes villes.

Comment utiliser les cartes SIM et le Wi-Fi au Laos

Avant de quitter la maison, assurez-vous que votre téléphone est déverrouillé et compatible avec les réseaux GSM.

1. Forfaits de données : sélectionnez un package de données qui répond à vos besoins. Si vous prévoyez de voyager en dehors des grandes villes, assurez-vous que votre forfait comprend des données adéquates, car le Wi-Fi n'est pas toujours disponible.

2. Vérifiez la couverture : Si votre plan implique des arrêts dans des endroits éloignés, consultez les cartes de couverture du

magasin pour vous assurer que vous aurez le service là où vous en avez besoin.

3. VPN : Pour sécuriser vos données, utilisez un réseau privé virtuel (VPN) lorsque vous vous connectez aux réseaux Wi-Fi publics.

4. Autonomie de la batterie : L'utilisation de données peut rapidement épuiser votre batterie. Emportez une batterie externe avec vous pour garder votre appareil chargé pendant vos déplacements.

5. Gardez une trace de votre utilisation : gardez une trace de votre consommation de données pour éviter de manquer de données à un moment inopportun.

6. Enregistrez les numéros de téléphone d'urgence locaux dans votre téléphone dès que vous obtenez votre carte SIM.

7. Téléchargez toutes les applications locales qui, selon vous, seraient utiles pour la navigation, la livraison de nourriture ou les informations de voyage.

En planifiant à l'avance et en comprenant vos alternatives pour vous connecter au Laos, vous pouvez garantir une expérience de voyage plus agréable et mémorable.

CHAPITRE QUATRE

Comment se déplacer

Se déplacer au Laos peut être une aventure en soi. Il existe différentes manières de voyager dans ce beau pays, allant des tuk-tuks aux bateaux fluviaux. Voici un aperçu détaillé de vos options :

Au sein de la ville

1. Tuk-Tuks et Jumbos : Ce sont des pousse-pousse automatiques laotiens qui sont couramment utilisés pour parcourir de courtes distances dans les villes. Fixez toujours un tarif avant de commencer votre voyage.

2. Taxis-motos : Les taxis-motos sont une excellente alternative pour les voyageurs seuls car ils sont rapides et souvent moins chers que les tuk-tuks. Des casques doivent être mis à disposition et portés à tout moment.

3. Location de voitures : Se déplacer en voiture avec chauffeur est une option confortable et pratique, en particulier pour les familles ou les fêtes. La conduite autonome est possible, même si elle n'est pas encouragée en raison des conditions routières et des tendances de conduite locales.

4. Vélos : De nombreuses maisons d'hôtes et magasins louent des vélos, idéaux pour explorer lentement des villes comme Luang Prabang.

5. Bus publics : Il existe des services de bus publics relativement bon marché dans des villes comme Vientiane, mais les itinéraires peuvent être compliqués pour les voyageurs. Il est possible que les informations sur les itinéraires en anglais ne soient pas toujours disponibles.

De villes en villes

1. Bus VIP et bus-couchettes : Pour les trajets plus longs, les bus VIP sont une option populaire, car ils disposent de la climatisation et, dans certains cas, de toilettes. Pour les très longs trajets, des bus-couchettes de nuit sont disponibles.

2. Les bus locaux sont moins chers que les bus VIP, mais ils peuvent être bondés et inconfortables. Ils offrent une ambiance plus locale.

3. Mini-fourgonnettes : Les mini-fourgonnettes sont un mode de transport populaire entre les villes car elles sont plus rapides et ont des départs plus fréquents que les bus. Ils sont souvent exigus mais efficaces.

4. Vols : Des vols intérieurs entre les grandes villes sont disponibles auprès de Lao Airlines et de quelques petites compagnies aériennes. Même si les conditions météorologiques peuvent entraîner des retards, c'est le moyen le plus rapide de parcourir de grandes distances.

5. Voyage en bateau : Le Mékong et d'autres fleuves constituent d'importants corridors de transit. Les touristes profitent de la balade pittoresque entre Luang Prabang et Huay Xai sur des bateaux lents. Les vedettes rapides sont une autre alternative, mais elles peuvent être dangereuses et inconfortables.

Zones rurales et périphériques

La location d'une moto est un moyen passionnant d'explorer les zones rurales, mais elle n'est recommandée qu'aux motocyclistes expérimentés en raison des conditions routières difficiles.

1. Les Songthaews sont des camionnettes partagées qui servent de bus ruraux et transportent les personnes entre les villes et les villages. Ils sont abordables, mais ils ne peuvent partir que lorsqu'ils sont pleins.

2. Transport fluvial : Dans les régions éloignées, les rivières peuvent encore constituer le meilleur moyen de transport. De

petits bateaux sont fréquemment affrétés pour des voyages vers des villages inaccessibles par la route.

Comment se déplacer au Laos

Avant tout, les normes de sécurité routière peuvent être inférieures à celles auxquelles vous êtes habitué. Portez toujours un casque lorsque vous conduisez un vélo ou une moto et attachez votre ceinture dans les voitures autant que possible.

1. Négocier les coûts : lorsque vous prenez des tuk-tuks ou des motos-taxis, négociez et convenez toujours des coûts à l'avance pour éviter de payer trop cher.

2. Soyez ponctuel : Les transports au Laos ne suivent pas toujours un horaire strict. Prévoyez peu de marge de manœuvre dans vos projets de voyage.

3. Apportez de l'eau, des collations et quelque chose de chaud si vous voyagez la nuit en bus ou en bateau, car il peut faire froid.

4. Protégez vos objets de valeur : Surveillez toujours vos biens, en particulier lorsque vous voyagez en transports en commun, où les petits vols sont courants.

5. Demandez aux habitants ou au personnel de votre hébergement quelles sont les meilleures alternatives de transport et les coûts actuels.

6. Utilisez des cartes et des applications de transports en commun pour vous aider à naviguer sur des itinéraires, en particulier dans les villes.

7. Suivez toutes les restrictions ou conventions locales lorsque vous utilisez les transports en commun pour éviter les pénalités ou les difficultés.

Voyager au Laos peut être à la fois enrichissant et exigeant, offrant un aperçu plus approfondi des divers paysages du pays et de la vie quotidienne de ses habitants.

Vols à l'intérieur des États-Unis

Les vols intérieurs au Laos sont un moyen pratique et rapide de voyager entre les principaux sites touristiques, tels que Vientiane et Luang Prabang ou Paksé. Voici ce que vous devez savoir sur les voyages aériens intérieurs aux États-Unis :

Compagnies aériennes effectuant des vols intérieurs au Laos

1. Lao Airlines : En tant que compagnie aérienne nationale du pays, Lao Airlines possède le réseau de vols intérieurs le plus complet, reliant Vientiane à Luang Prabang, Pakse, Savannakhet et d'autres villes mineures.

2. Lao Skyway est une petite compagnie aérienne qui dessert les grandes villes ainsi que certaines des régions les plus éloignées du pays.

Itinéraires populaires aux États-Unis

1. Vientiane à Luang Prabang : Cet itinéraire est populaire auprès des voyageurs qui souhaitent explorer le patrimoine culturel de Luang Prabang.

De Vientiane à Paksé : Pour ceux qui se dirigent vers le plateau des Bolovens ou traversent la Thaïlande ou le Cambodge.

2. Luang Prabang à Paksé : Un incontournable si vous souhaitez profiter à la fois de l'héritage du nord et du charme du sud du Laos sans prendre un long trajet en bus.

Achat de billets

1. En ligne : La réservation de vols en ligne est l'option la plus pratique, que ce soit via les sites Web des compagnies aériennes ou des plateformes de réservation tierces.

2. Agents de voyages : Il est courant au Laos de réserver des vols par l'intermédiaire d'un agent de voyages, et ils peuvent parfois proposer des tarifs bon marché.

3. Dernière minute : Il est parfois possible de réserver des billets de dernière minute à l'aéroport, même si cela n'est pas conseillé car les vols peuvent rapidement se remplir, notamment pendant la haute saison touristique ou lors des festivals.

Aéroports

1. Aéroport international de Wattay (VTE) : situé près de Vientiane, cet aéroport constitue la principale porte d'entrée internationale du Laos ainsi que plusieurs avions internes.

2. Luang Prabang, ville classée au patrimoine mondial de l'UNESCO, est desservie par l'aéroport international de Luang Prabang (LPQ).

3. Aéroport international de Paksé (PKZ) : L'aéroport sert de porte d'entrée vers le sud du Laos, reliant les visiteurs au plateau des Bolovens et à la région des Quatre Mille Îles.

4. Aéroport de Savannakhet (ZVK) : Cet aéroport dessert les vols intérieurs ainsi que les voyageurs d'affaires et les visiteurs du centre du Laos.

Embarquement et enregistrement

1. Les passagers des vols intérieurs doivent normalement s'enregistrer au moins une heure avant l'heure de départ prévue.

2. Franchise de bagages : sur les vols intérieurs, la franchise de bagages est généralement d'environ 20 kg pour les bagages enregistrés et 7 kg pour les bagages à main, mais cela peut varier, alors vérifiez auprès de votre transporteur.

Conseils de voyage pour les vols intérieurs du Laos

1. Retards météorologiques : Le Laos ayant un environnement tropical, les conditions météorologiques peuvent perturber les horaires des vols, en particulier pendant la saison des pluies. Avant de partir pour l'aéroport, vérifiez toujours le statut de votre vol.

2. Documentation : apportez une pièce d'identité ainsi que tout document de voyage pertinent, tel que des papiers de visa en cas de correspondance avec un avion international.

3. Transport à l'aéroport : réfléchissez à la manière dont vous vous rendrez à l'aéroport et en repartirez. Certains hôtels proposent un service de navette et vous pouvez également organiser un taxi.

4. Barrière linguistique : Bien que le personnel des compagnies aériennes dans les aéroports parle généralement anglais, les niveaux de compétence varient, alors soyez patient et explicite dans votre communication.

5. Arriver tôt : Les aéroports nationaux du Laos étant souvent petits et simples, arriver 1 à 2 heures avant votre vol est généralement suffisant.

6. Rafraîchissements : les petits aéroports peuvent avoir des options de restauration limitées, alors apportez des collations, surtout si vous avez une longue escale ou si vous êtes en retard.

Les vols intérieurs au Laos peuvent réduire considérablement votre temps de trajet, transformant un trajet d'une journée en bus en un trajet rapide qui vous laisse plus de temps pour explorer et profiter de votre destination.

Réseaux de bus et d'autocars

Voyager en bus au Laos est un incontournable pour de nombreux visiteurs, car cela leur permet de découvrir la campagne et d'interagir avec les habitants. Le Laos dispose d'un vaste réseau de bus et d'autocars, allant des minibus locaux aux autocars VIP pour les trajets plus longs. Voici un aperçu détaillé des réseaux de bus et d'autocars du Laos :

1. Les bus au Laos sont disponibles dans une variété de styles

Les bus locaux sont souvent le mode de transport le moins cher ; cependant, ils peuvent être lents et faire des arrêts fréquents. Ils constituent une bonne option pour de courts voyages ou pour découvrir la vie locale.

Bus express : ils sont généralement plus rapides que les bus locaux et relient les grandes villes avec moins d'arrêts en cours de route.

Les bus VIP sont l'alternative la plus confortable pour les voyages longue distance, dotés de la climatisation, de sièges inclinables et, dans certains cas, de toilettes.

Les bus-couchettes fournissent des lits au lieu de sièges pour les voyages de nuit et sont populaires sur les itinéraires qui durent 8 heures ou plus.

Les mini-fourgonnettes sont plus rapides et plus adaptables que les gros bus, mais elles sont également plus cahoteuses et plus exiguës. Ils partent généralement lorsqu'ils sont pleins et constituent une alternative adaptée aux vacances de moyenne durée.

2. Principales gares routières

Gare routière centrale de Vientiane : la gare routière nationale de la capitale, offrant des services vers toutes les principales destinations du Laos.

Terminal de bus sud : situé à Vientiane, ce terminal dessert des itinéraires vers le sud vers des endroits tels que Paksé.

Terminal de bus du nord : situé à Vientiane, ce terminal dessert des destinations du nord du Laos telles que Luang Prabang et Vang Vieng.

La gare routière de Luang Prabang est une plaque tournante importante pour le nord du Laos, proposant des bus vers Vientiane, Vang Vieng et les régions du nord.

3. Achat de billets

Gares routières : les billets peuvent être achetés immédiatement à la gare routière. Il est préférable d'acheter votre billet un jour à l'avance, notamment pour les bus VIP ou couchettes.

Agents de voyages : Dans les destinations touristiques, les agents de voyages peuvent vous aider à acheter des billets de bus. Ils peuvent facturer une somme modique, mais cela pourrait vous éviter un déplacement jusqu'au terminal de bus.

Réservation en ligne : Bien que certains services puissent proposer une réservation en ligne, celle-ci est moins populaire et moins fiable que la réservation en personne.

4. Horaires et fréquence

Horaires : Les bus au Laos ne circulent pas toujours à l'heure. Les heures de départ sont souvent approximatives et sujettes à changement.

Les bus vers des destinations populaires circulent plusieurs fois par jour, tandis que les itinéraires vers les zones périphériques ne circulent qu'une ou deux fois par jour, voire pas du tout.

Conseils pour voyager en bus au Laos

1. Arrivez tôt : Arrivez tôt, en particulier sur les itinéraires populaires, pour garantir une bonne place, surtout si vous n'avez pas pu en réserver une à l'avance.

2. Gardez vos objets de valeur avec vous et faites attention aux sacs conservés sous le bus ou au-dessus de votre tête.

3. Apportez vos collations et votre eau, en particulier sur les itinéraires plus longs où les arrêts peuvent être peu nombreux.

4. Confort : Même si vous partez en été, les bus climatisés peuvent être froids, alors emportez un pull ou une écharpe.

5. Mal des transports : Si vous êtes sujet au mal des transports, pensez à prendre des médicaments avant votre voyage, car les routes de montagne sinueuses peuvent être difficiles à parcourir.

6. Soyez patient : les retards sont courants lorsque vous voyagez en bus, alors prévoyez toujours du temps supplémentaire dans votre emploi du temps.

7. Langue : Comme tous les chauffeurs de bus ne parlent pas anglais, un guide de conversation ou une application de traduction peut s'avérer utile.

8. Sensibilité culturelle : Lorsque vous prenez les bus locaux, respectez les coutumes et les pratiques culturelles locales.

Voyager en bus est parfois la méthode la plus rentable pour explorer le Laos et donne un aperçu réaliste de la vitesse de la vie dans les zones rurales et urbaines. C'est un voyage qui demande de la patience et une perspective flexible, mais il peut être l'une des expériences de voyage les plus enrichissantes au Laos.

Voyage en bateau sur le Mékong

Voyager en bateau sur le fleuve Mékong est l'une des façons les plus pittoresques et les plus célèbres de découvrir le Laos. Le fleuve Mékong traverse le pays du nord au sud et les croisières en bateau peuvent aller des petits ferries locaux aux voyages de plusieurs jours. Si vous envisagez de voyager en bateau dans le cadre de votre aventure au Laos, voici ce que vous devez savoir :

1. Variétés de services de bateaux

Ferries locaux : dans les zones rurales où les ponts sont rares, ce sont souvent les seuls moyens de traverser la rivière. Ils peuvent transporter des personnes, des motos et même des voitures.

Slow Boats : Grands bateaux en bois utilisés pour le transport fluvial au Laos, notamment sur la route entre Luang Prabang et Huay Xai. Ces voyages durent normalement deux jours et comprennent une escale de nuit à Pakbeng.

Bateaux rapides : petits et rapides, ils peuvent voyager de Luang Prabang à Huay Xai en une seule journée mais sont moins confortables et plus bruyants. La sécurité de ces bateaux peut également poser problème.

Croisières fluviales : diverses compagnies de croisières de luxe proposent des circuits de plusieurs jours sur le fleuve Mékong comprenant les repas et l'hébergement, ainsi que des excursions guidées dans les communautés et les sites historiques en cours de route.

2. Voies navigables populaires

Luang Prabang à Huay Xai : C'est probablement le voyage en bateau le plus célèbre du Laos, avec des paysages à couper le souffle le long du Mékong.

De Vientiane à Luang Prabang, certaines compagnies de croisière proposent des itinéraires plus longs qui englobent cette partie du fleuve.

Si Phan Don (Quatre Mille Îles) : Dans l'extrême sud du Laos, vous pouvez prendre des bateaux locaux entre les nombreuses îles ou même vers et depuis le Cambodge.

3. Achat de billets

Bateaux locaux : Généralement, les billets pour les bateaux locaux sont achetés sur place.

Les billets pour les bateaux lents et rapides peuvent être achetés à l'avance auprès des agents de voyages ou, dans certaines situations, au quai. Il est préférable de réserver le bateau lent au moins un jour à l'avance.

Croisières fluviales : celles-ci doivent être réservées longtemps à l'avance car elles peuvent se remplir rapidement, surtout en haute saison.

4. Suggestions de voyage

Confort : Le bateau lent offre un confort minimal, cependant un coussin pour les bancs en bois est recommandé.

Des gilets de sauvetage doivent être fournis sur tous les bateaux, mais c'est une bonne idée de vérifier leur disponibilité avant d'embarquer.

Arrêts de nuit : si vous participez à une excursion en bateau de plusieurs jours, attendez-vous à un hébergement modeste dans des villes comme Pakbeng, alors planifiez en conséquence.

Les vues sur la jungle et la vie le long du lit de la rivière sont spectaculaires. Préparez votre appareil photo, mais prenez aussi le temps de simplement profiter de l'événement.

Rafraîchissements : certains bateaux vendent de la nourriture et des boissons, mais la sélection peut être restreinte. Apporter de l'eau et des collations est une bonne idée.

Changements saisonniers : Les niveaux d'eau peuvent avoir un impact considérable sur le trafic fluvial. Des niveaux d'eau élevés et des courants plus rapides sont fréquents pendant la saison des pluies (de mai à octobre), tandis que les niveaux d'eau bas rendent la navigation plus difficile et la durée des déplacements plus longue.

Portez de la crème solaire et un chapeau car le soleil peut être dur sur la rivière, surtout par temps nuageux.

Voyager en bateau sur le Mékong au Laos est bien plus qu'un simple moyen de transport : c'est une expérience culturelle et historique qui vous permet d'apercevoir le cœur du pays d'une manière impossible à observer depuis la route. Le Mékong est un aspect essentiel de l'expérience laotienne à ne pas manquer, que vous naviguiez en aval sur un bateau lent ou que vous admiriez la vue depuis le pont d'une croisière fluviale.

Location de motos et de vélos au Laos

Louer une moto ou un vélo est un excellent moyen de visiter le Laos car cela vous permet de l'explorer à votre guise. Qu'il s'agisse de routes de montagne sinueuses, de terres agricoles pittoresques ou de rues trépidantes de la ville, les deux roues peuvent offrir une expérience immersive.

1. Location de motos

Emplacements de location :

- La plupart des zones touristiques, dont Vientiane, Luang Prabang, Vang Vieng et Pakse, disposent de magasins de location.

- Les hôtels et chambres d'hôtes possèdent souvent le leur ou peuvent vous aider à en trouver un.

Coût:

Une moto coûte normalement entre 10 $ et 25 $ par jour, selon le style et l'état.

Exigences:

Un permis de conduire valide de votre pays d'origine, qui est souvent accompagné d'un permis de conduire international.

Certaines sociétés de location peuvent vouloir votre passeport, mais il est préférable de laisser une photocopie à la place.

Conseils et sécurité :

- Portez toujours un casque ; ce n'est pas seulement la loi, mais c'est également essentiel pour votre sécurité.

- Avant de louer une moto, inspectez les freins, les feux et le klaxon.

- Soyez conscient des escroqueries à la location et sécurisez toujours la moto.

Assurance:

- La plupart des locations n'incluent pas d'assurance, donc tout dommage sera presque certainement de votre devoir de payer.

- Il est fortement conseillé de souscrire une assurance voyage incluant une couverture moto.

2. Location de vélos

Emplacements de location :

- La location de vélos est courante dans les grandes villes et les zones touristiques.

- De nombreux hôtels en proposent et il existe des entreprises de location dédiées.

Coût:

- La location de vélos est peu coûteuse, allant de 1 $ à 5 $ par jour.

Modèles de vélos :

- Des vélos de ville de base jusqu'aux VTT sont disponibles.

- Choisissez un VTT de qualité pour les randonnées plus longues ou les terrains difficiles.

Conseils vélo :

- Examinez l'état du vélo, notamment les freins et les vitesses.

- Emportez un kit de réparation de base en cas de crevaison ou de problèmes mineurs.

- Lorsque vous laissez le vélo sans surveillance, utilisez un bon cadenas.

Terrain et itinéraires :

- Renseignez-vous auprès des habitants ou des sociétés de location sur les itinéraires recommandés.

- Attendez-vous à un terrain montagneux au nord et à un terrain plus plat au sud.

Considérations légales

- Il est essentiel de comprendre le code de la route et les réglementations locales :

- Votre contrat de location devra peut-être être porté avec vous à tout moment.

- Assurez-vous de bien comprendre le code de la route, qui peut différer de celui de votre pays d'origine.

- La circulation laotienne se fait à droite.

En mouvement

- Les routes au Laos peuvent aller de l'asphalte lisse aux chemins de terre accidentés :

- Soyez toujours conscient des conditions routières changeantes, en particulier pendant la saison des pluies.

- Méfiez-vous du bétail et des voitures lentes dans les zones rurales.

- Les voyages longue distance en moto peuvent être épuisants ; faites des arrêts fréquents et évitez de rouler la nuit.

Assistance et urgences

- Gardez le numéro de téléphone du magasin de location à portée de main.

- Notez tous les numéros de téléphone d'urgence des endroits que vous traverserez.

Vous pouvez aider les gens à profiter de leurs excursions au Laos en toute sécurité et de manière éthique en leur fournissant des informations détaillées sur la location de motos et de vélos.

Alternatives de transport privé

Les transports privés au Laos peuvent être un moyen de transport confortable et pratique, en particulier pour les personnes qui ne souhaitent pas conduire ou prendre les bus publics. Les automobiles et camionnettes privées, les tuk-tuks et même les bateaux font partie des alternatives.

1. Options de transport privé au Laos

- Fourgons et voitures particulières

- Louer une voiture ou une camionnette personnelle :

- De nombreuses agences de voyages et hôtels au Laos proposent des services de location de voitures et de fourgonnettes privées.

Il est préférable de réserver à l'avance, surtout pendant les hautes saisons touristiques.

Coût:

- Les prix varient considérablement en fonction de la distance, du type de voiture et de la durée de la location.

- Confirmez toujours le coût complet, y compris le carburant, l'indemnité de conducteur et toutes dépenses supplémentaires.

Avantages:

- Confort et liberté de planifier votre itinéraire.

- Idéal pour les familles ou les groupes pouvant partager l'addition.

Conducteur:

- La plupart des locations de voitures privées incluent un chauffeur local, qui peut parcourir les routes locales et servir de guide informel.

- Vérifiez si le chauffeur parle une langue dans laquelle vous pouvez communiquer.

Conseils:

- Négociez le prix et planifiez votre voyage à l'avance.

- Discutez et convenez d'un dîner ou d'arrêts touristiques.

Tuk-Tuks

- Utilisation des Tuk-Tuks pour les déplacements sur de courtes distances :

- Les tuk-tuks sont un moyen de transport courant pour parcourir de courtes distances dans les villes et villages.

- Il est préférable de marchander le prix avant de commencer le trajet.

Pour les trajets plus longs :

- Certains chauffeurs de tuk-tuk peuvent être prêts à vous emmener sur des trajets plus longs, mais cela peut être inconfortable et c'est moins courant.

2. Location de bateaux

Expéditions fluviales :

Le Laos propose plusieurs excellentes promenades fluviales et la location de bateaux privés peut être organisée, en particulier pour le fleuve Mékong près de Luang Prabang ou la région des 4000 îles au sud.

Les types de bateaux comprennent :

- Des canoës de petite puissance aux plus grands bateaux fluviaux dotés de commodités sont disponibles.

- Votre option sera déterminée par le nombre de votre groupe et le niveau de confort souhaité.

3. Taxis à moto

Rapide et simple :

- Les motos-taxis sont un moyen pratique de se déplacer, en particulier dans les endroits encombrés.

- Ne convient pas pour de longues distances ou pour transporter une grande quantité de bagages.

Conseils pour les transports privés

- Avant de commencer votre voyage, assurez-vous toujours que le véhicule est en bon état de fonctionnement.

- Clarifiez les modalités de déjeuner et de nuit pour les locations de plusieurs jours.

- Lorsque vous voyagez en bateau, assurez-vous que des gilets de sauvetage sont disponibles et que les règles de sécurité sont respectées.

Réservations et fiabilité

- Pour garantir la fiabilité et la qualité du service, réservez auprès d'entreprises respectées ou de votre hôtel.

- Lisez les avis et demandez conseil aux autres voyageurs.

Auto-stop et covoiturage au Laos

1. Faire de l'auto-stop

Même si l'auto-stop n'est pas aussi répandu au Laos que dans certains pays occidentaux, il reste possible et peut être un moyen fascinant de rencontrer des locaux. Il est toutefois essentiel de procéder avec prudence et bon sens.

Conseils pour l'auto-stop :

- L'auto-stop est plus courant dans les régions rurales que dans les villes.

- Commencez tôt dans la journée, lorsque les conducteurs sont plus susceptibles de partir pour de longs trajets.

- Pour augmenter vos chances d'être pris en charge, paraissez présentable et amical.

- Voyagez léger et gardez vos affaires avec vous à tout moment.

- Apprenez quelques phrases laotiennes pour exprimer des intentions fondamentales et montrer du respect pour la culture locale.

Sécurité:

- Informez toujours quelqu'un de vos projets de voyage et de votre heure d'arrivée prévue à votre prochaine destination.

- Faites confiance à votre instinct ; si quelque chose ne vous convient pas, refusez le trajet.

- Il est préférable d'éviter de faire du stop seule, surtout si vous êtes une femme.

- Il est plus sûr de faire du stop sur des routes plus fréquentées où vous serez vu.

Attentes:

- Sachez que certains conducteurs peuvent exiger un paiement même si vous faites de l'auto-stop, alors assurez-vous de l'expliquer avant de monter dans le véhicule.

- L'auto-stop n'est pas un mode de transport garanti, alors planifiez à l'avance.

2. Covoiturage

Bien que les services de covoiturage tels qu'Uber et Lyft ne soient actuellement pas disponibles au Laos, il existe des traditions locales informelles de covoiturage.

Covoiturage informel :

- Les habitants des villes et villages peuvent être prêts à partager un trajet en tuk-tuk ou en minibus.

- On trouve fréquemment des panneaux de voyage dans les maisons d'hôtes ou les auberges, où les voyageurs publient leurs projets et recherchent des partenaires pour des excursions communes.

Médias sociaux et plateformes en ligne :

- Les voyageurs peuvent organiser du covoiturage via des forums Internet ou des groupes de médias sociaux spécialisés dans les voyages au Laos.

- Confirmez toujours l'identité de toute personne avec laquelle vous envisagez de partager un trajet ou de rencontrer dans des lieux publics.

Bus et minivans partagés :

- Parce qu'il s'agit d'un moyen de transport partagé, les bus locaux et les mini-fourgonnettes peuvent être considérés comme une sorte de covoiturage.

- Les sièges peuvent être réservés auprès de maisons d'hôtes ou d'agences de tourisme locales, et ils constituent un moyen populaire pour les voyageurs de voyager entre les sites.

Sécurité et de sûreté:

- La plupart des types de covoiturage au Laos ne sont ni officiellement soutenus ni réglementés.

- Il est essentiel de toujours garder votre sécurité à l'esprit.

Considérations relatives aux régions éloignées

Les alternatives de transport local dans les zones isolées du Laos peuvent être limitées, c'est pourquoi le covoiturage ou l'auto-stop peuvent être une option viable. Cependant, comme les véhicules sont peu nombreux, des attentes considérables peuvent survenir et il n'est pas conseillé de recourir uniquement à ces techniques dans les zones moins peuplées.

CHAPITRE CINQ

Laos Hébergement

Le Laos dispose d'une large gamme d'hébergements, des bungalows et maisons d'hôtes au bord de la rivière aux hôtels haut de gamme et aux écolodges. Comprendre ces options vous aidera à trouver le lieu de séjour idéal, que vous recherchiez un hébergement à bas prix ou un refuge plus haut de gamme.

1. Hébergement à petit budget

Auberges et pensions :

- Dans les villes et les zones touristiques, il est largement disponible.

- Ils offrent des commodités de base et constituent une excellente occasion de rencontrer d'autres visiteurs.

- Les prix d'un lit en dortoir ou d'une chambre modeste avec ventilateur peuvent commencer entre 5 et 10 $ par nuit.

Familles d'accueil :

Une occasion unique de découvrir la vie de famille laotienne.

Au moins un souper avec la famille d'accueil est généralement inclus.

Les contributions pour votre séjour doivent être discutées à l'avance et sont généralement assez modestes.

2. Hébergement au milieu de l'échelle des prix

Auberges de charme :

- Offrez plus d'équipements et de confort, tels que la climatisation, des toilettes privées et le WiFi.

- Beaucoup sont délicieusement construits pour refléter la culture et l'architecture laotiennes.

- Les prix varient entre 20 et 50 dollars par nuit.

Bungalows au bord de la rivière :

- Populaire dans les régions attrayantes telles que Vang Vieng et le long du fleuve Mékong.

- Offrez un cadre tranquille, souvent avec des vues à couper le souffle.

- Les prix varient considérablement en fonction de l'emplacement et des commodités fournies.

3. Hébergement de la plus haute qualité

Resorts et hôtels haut de gamme :

- Trouvé dans les zones touristiques populaires ainsi que dans la capitale, Vientiane.

- Spas, piscines, bons restaurants et personnel anglophone sont autant de commodités possibles.

- Les tarifs commencent normalement à 50 $ par nuit et peuvent aller jusqu'à 200 $ par nuit.

Eco-Lodges :

- Situées dans des zones plus rurales, ces entreprises proposent des expériences touristiques durables.

- Mettre l'accent sur la gestion de l'environnement et la préservation culturelle.

- Proposez une large gamme d'activités basées sur la nature à un prix avantageux.

4. Hébergement pour des occasions spéciales

Hébergement au monastère :

- Certains monastères proposent un hébergement aux invités à la recherche d'une expérience spirituelle ou culturelle.

- Les conditions sont basiques et les visiteurs sont priés de suivre le code de conduite du monastère.

Projets respectueux de l'environnement et communautaires :

- Proposer des expériences immersives, souvent en collaboration avec les villages locaux.

- Les revenus sont couramment utilisés pour financer des projets communautaires.

5. Réservations et Réservation

Réservations à l'avance :

- Il est normalement conseillé de réserver à l'avance, surtout pendant la haute saison (novembre à mars).

- Bien que de nombreux endroits acceptent désormais les réservations en ligne, certaines petites maisons d'hôtes n'acceptent que les réservations sans rendez-vous ou par téléphone.

Visites sans rendez-vous :

- En basse saison, lorsque de nombreux lieux sont vacants et sont prêts à négocier les tarifs, cela peut être une option viable.

Conseils pour choisir un lieu de séjour

- Consultez les avis récents d'autres voyageurs.

- Tenez compte de l'emplacement concernant les attractions à proximité et les options de transport.

- Confirmez si votre hébergement comprend le petit-déjeuner ou d'autres avantages tels que la location gratuite de vélos.

- Renseignez-vous sur les alternatives de paiement ; Même si l'acceptation des cartes de crédit augmente, certains établissements préfèrent encore les espèces.

Hôtels et centres de villégiature

1. Le Belmond La Résidence Phou Vao : Cet hôtel de luxe est situé au centre du site classé au patrimoine mondial de l'UNESCO de Luang Prabang. Il offre une vue imprenable sur

les montagnes environnantes et est réputé pour son excellent service et ses équipements. Phou Vao Road, Luang Prabang, Laos 06000. Téléphone : +856 71 212 194. 4,8 sur 51.

2. Rosewood Luang Prabang : Situé dans une vallée verdoyante près de la ville historique de Luang Prabang, ce complexe est un incontournable. Il combine l'architecture laotienne ancienne avec un design moderne et propose à ses clients une variété d'activités, notamment des randonnées à pied, à vélo et des ateliers de cuisine. Adresse : Nauea Village, Luang Prabang, Laos 06000. Téléphone : +856 71 260 888. 4,7 sur 51.

3. Sofitel Luang Prabang : Situé au cœur de Luang Prabang, cet hôtel exquis est installé dans une ancienne résidence du gouverneur colonial français. Il dispose d'une belle piscine extérieure, d'un spa et d'un restaurant qui sert une cuisine laotienne et française. Téléphone : +856 71 260 777. Adresse : Ban Mano, Luang Prabang 06000, Laos. 4,6 sur 51.

4. La résidence Luang Say : Cet hôtel de charme est situé à Luang Prabang, un site classé au patrimoine mondial de l'UNESCO. Il présente un mélange d'architecture traditionnelle laotienne et coloniale française et propose à ses clients une variété d'activités, notamment des cours de cuisine, du vélo et des promenades en bateau sur le Mékong. 4-5 Ban

Phonepheng, Luang Prabang, Laos 06000. Téléphone : +856 71 260 891. 4,6 sur 51.

5. Amantaka : Situé au cœur de Luang Prabang, ce magnifique complexe est situé dans une succession d'anciens bâtiments coloniaux français. Il dispose d'une belle piscine extérieure, d'un spa et d'un restaurant qui sert une cuisine laotienne et française. Téléphone : +856 71 860 333. Adresse : 55/3 Kingkitsarath Road, Ban Thongchaleun, Luang Prabang 06000, Laos. 4,6 sur 51.

Hôtels et auberges économiques

1. Nana Backpacker Hostel : Située au cœur de Vientiane, cette auberge est reconnue pour son personnel amical et ses installations impeccables. Téléphone : +856 20 58 212 888 ; adresse : Ban Nongbone, Vientiane, Laos. 9,2 sur 101.

2. Barn1920s Hostel : Située au cœur de Vientiane, cette auberge se distingue par son décor insolite et son atmosphère chaleureuse. Téléphone : +856 20 55 555 777, Ban Mixay, Vientiane, Laos. 9,1 sur 101.

3. Ali Local Home : Située au milieu de Vientiane, cette auberge est reconnue pour son personnel serviable et ses excellentes

chambres. Téléphone : +856 20 55 555 777. Adresse : Ban Nongbone, Vientiane, Laos. Note : 8,8/10.

4. Sailomyen Cafe & Hostel : Située au cœur de Vientiane, cette auberge est réputée pour ses équipements propres et son personnel serviable. Téléphone : +856 20 55 555 777, Ban Mixay, Vientiane, Laos. Note : 8,6/10.

5. VangVieng Backpackers Hostel : Située au cœur de Vang Vieng, cette auberge est réputée pour sa piscine extérieure et son restaurant. Ban Viengkeo est situé à Vang Vieng, au Laos. Téléphone : +856 20 55 555 777. Note : 9,0/101.

Chambres d'hôtes et chambres d'hôtes

• Vang Vieng compte 21 chambres d'hôtes ; Vientiane compte 7 chambres d'hôtes ; et Luang Prabang compte 73 B&B.

• 4 chambres d'hôtes à Savannakhet ; 10 chambres d'hôtes à Don Det; et 4 B&B à Muang Khong.

• Pakbeng compte 8 chambres d'hôtes.

Booking.com propose plus d'informations sur ces maisons d'hôtes et chambres d'hôtes. Ils offrent un large choix d'options et vous permettent d'affiner simplement votre recherche en fonction de vos intérêts.

Famille d'accueil et Eco-lodges

• Kingfisher Ecolodge Laos : Situé au milieu de l'Aire Nationale Protégée de Nam Et-Phou Louey, cet éco-lodge. Trekking, canoë et observation des animaux font partie des activités disponibles. Plus d'informations sur cet éco-lodge sont disponibles sur leur site internet 1.

• Konglor Eco-Lodge Guesthouse et restaurant : Située à Ban O, au Laos, cette maison d'hôtes. Il possède un restaurant et la grotte de Kong Lor se trouve à environ 17 minutes de route. Booking.com a plus d'informations sur cette maison d'hôtes.

Conseils et méthodes de réservation pour le Laos :

• Planifiez à l'avance : c'est généralement une bonne idée de planifier à l'avance, surtout si vous voyagez pendant la haute saison. Cela vous évitera de devoir chercher un logement à la dernière minute.

• Utilisez Booking.com : Booking.com est un merveilleux site Web pour trouver des maisons d'hôtes, des chambres d'hôtes et d'autres types d'hébergement au Laos. Ils offrent un large choix d'options et vous permettent d'affiner simplement votre recherche en fonction de vos intérêts. Vous pouvez également consulter les avis des voyageurs pour vous aider à faire un choix éclairé.

• Pensez aux familles d'accueil et aux éco-lodges : pour une expérience plus authentique, essayez de séjourner dans une famille d'accueil ou un éco-lodge. Ces types d'hébergement sont généralement gérés par des locaux et offrent une perspective distincte sur la culture locale.

CHAPITRE VI

Un aperçu de la cuisine laotienne

La cuisine laotienne est un élément fascinant et essentiel de l'expérience culturelle de chaque voyageur au Laos. La cuisine est connue pour sa fraîcheur, ses saveurs vives et ses accords créatifs, et elle représente la richesse agricole du pays ainsi que les diverses influences culturelles qu'il a reçues au fil des années.

1. Profil de saveur

La cuisine laotienne se distingue par l'utilisation d'herbes et de légumes frais, fréquemment récoltés dans la nature. Les saveurs épicées, acides, sucrées et amères sont fréquemment combinées dans les plats, souvent au sein du même repas. Le riz gluant, également connu sous le nom de « khao niew », est un aliment de base habituellement consommé avec les mains et constitue un excellent complément à la cuisine laotienne.

Ingrédients couramment utilisés

Les herbes et légumes comprennent la menthe, la coriandre, la citronnelle, les oignons verts et l'aneth, ainsi qu'une gamme de légumes verts et de légumes.

Protéines : Les viandes les plus souvent consommées sont le poisson, la volaille et le porc, qui sont fréquemment grillés ou bouillis pour préserver leurs caractéristiques d'origine.

Les assaisonnements tels que la sauce de poisson, la pâte de crevettes et le padouk (sauce de poisson fermentée) ajoutent une profondeur salée et umami à de nombreux aliments.

2. Recettes signatures

Laap (Larb) : Laap est une salade à base de viande hachée (poisson, poulet, bœuf, canard ou porc) et assaisonnée de jus de citron vert, de sauce de poisson, de menthe et de riz moulu grillé.

Tam Mak Hoong (salade de papaye) : Une salade épicée composée de papaye verte râpée, de citron vert, de chili, de sauce de poisson et de sucre de palme écrasés dans un mortier.

Khao Piak Sen : Une soupe de nouilles substantielle avec un bouillon épais et parfumé qui est couramment consommée au petit-déjeuner.

Mok Pa (poisson cuit à la vapeur aux feuilles de bananier) : poisson assaisonné d'herbes et d'épices, enveloppé dans des feuilles de bananier et cuit à la vapeur à la perfection.

Sai Oua (Saucisse Lao) : Saucisses aromatiques chargées d'herbes et d'épices qui capturent l'essence du Laos.

3. Habitudes alimentaires

Les repas sont traditionnellement servis en famille, les gens partageant les repas.

Le riz gluant est fréquemment utilisé comme ustensile pour récupérer les aliments et absorber les épices.

Fraîcheur : Pour optimiser la saveur et la valeur nutritionnelle, les repas sont préparés avec des ingrédients frais et souvent consommés rapidement après la cuisson.

4. Desserts et boissons

Bière Lao : La bière nationale du pays, largement considérée comme l'une des meilleures de la région.

Lao-Lao : Un whisky de riz fort populaire parmi les locaux.

Khao Lam : tubes de bambou grillés farcis de riz gluant et lait de coco.

Nam Van : Une variété de friandises aux fruits sucrés, fréquemment servies avec de la glace pilée.

5. Différences régionales

Le nord du Laos est connu pour ses saveurs terreuses et basiques, qui incorporent fréquemment des ingrédients amers et des viandes de gibier.

Le sud du Laos : Influencé par la Thaïlande et le Cambodge voisins, il présente une palette plus piquante avec une utilisation plus forte du Chili et du tamarin.

Centre du Laos : Un mélange de nord et de sud, avec un accent sur les poissons d'eau douce en raison du fleuve Mékong.

Considérations diététiques et végétariennes

Alors que la cuisine traditionnelle laotienne comporte beaucoup de poisson et de porc, de nombreux plats peuvent être végétariens en les remplaçant par des champignons et du tofu.

Guide de la cuisine de rue

La cuisine de rue du Laos est un aspect important de l'environnement gastronomique du pays, donnant un aperçu de l'âme du pays. Ce n'est pas seulement pour la nourriture ; c'est aussi une activité sociale, une opportunité de dialoguer avec les habitants et un véritable avant-goût de la vie laotienne.

Où puis-je me procurer de la nourriture de rue ?

Les marchés matinaux et nocturnes, les magasins en bord de route et les ruelles alimentaires animées des villes et villages vendent tous de la nourriture de rue au Laos. Le marché nocturne le long de la promenade du Mékong à Vientiane est populaire, tandis que le marché nocturne de Luang Prabang est un paradis pour les gourmets. Recherchez les tuk-tuks transformés en chariots de nourriture mobiles, qui indiquent la présence d'un vendeur de nourriture de rue.

Favoris de la cuisine de rue

Khao Jee (Baguette Sandwich) : Cette variante laotienne d'un banh mi vietnamien regorge de pâté, de différentes viandes, de légumes marinés, de coriandre et de sauce chili.

BBQ laotien (Sindat) : Semblable au barbecue coréen, les invités peuvent griller leurs viandes et leurs légumes à leur table sur une poêle en forme de dôme.

Riz gluant aux viandes grillées : Brochettes de viandes grillées sur du charbon de bois, en particulier du poulet et du porc, et servies avec des boulettes de riz gluant.

Jaew Bong : Une pâte de piment piquant et sucré qui est fréquemment consommée avec du riz gluant ou comme condiment avec d'autres aliments.

Conseils de dégustation

- Dégustez de petites quantités sur de nombreux stands pour goûter à une variété de plats.

- Recherchez les vendeurs avec un chiffre d'affaires élevé, car cela indique souvent que la nourriture est fraîche et populaire.

- Essayez des spécialités régionales que vous ne trouverez peut-être nulle part ailleurs.

La sécurité alimentaire

- Bien que la cuisine de rue du Laos soit généralement sûre, les précautions suivantes doivent être prises :

- Choisissez une cuisine préparée sur commande.

- Les aliments chauds doivent être servis chauds et les plats froids doivent être servis froids.

- Gardez du désinfectant pour les mains à portée de main et utilisez-le avant de manger.

L'étiquette dans un cadre culturel

- La main gauche étant considérée comme impure, il est habituel de manger avec la main droite.

- Lorsque vous mangez dans des plats partagés, utilisez les cuillères ou les bâtonnets fournis.

- Il est poli de manger lentement et tranquillement, car les repas sont un moment de plaisir et de détente.

Options pour les végétariens

De nombreux vendeurs de nourriture de rue proposent des plats végétariens, qui comprennent souvent du tofu ou des champignons. Sur les stands, recherchez les expressions « geai » (végétarien) ou « mangsawirat » (sans viande).

Activités incontournables

- Marchés du matin : allez-y tôt le matin pour acheter les légumes les plus frais et les produits de petit-déjeuner comme les soupes de nouilles et les collations au riz gluant.

- Le café laotien est puissant et savoureux et est fréquemment servi avec du lait concentré sucré. Une excellente façon de commencer votre journée ou un remontant en milieu d'après-midi.

Desserts et boissons

- Le jus de canne à sucre fraîchement pressé est généralement servi avec une touche de citron vert.

- Crêpes à la noix de coco : Le lait de coco est utilisé pour préparer ces petites crêpes moelleuses et sucrées.

- Fruits frappés : Un régal agréable par une journée chaude, à base de glace mélangée et de fruits tropicaux frais.

Dîner dans un restaurant

Le Laos dispose d'une gamme variée d'options de restauration, depuis les restaurants chers situés dans des structures anciennes jusqu'aux établissements intimes et familiaux. Que vous souhaitiez un repas sophistiqué à plusieurs plats ou un déjeuner rapide et savoureux, la scène du restaurant est aussi diversifiée qu'agréable.

Décrypter un menu laotien

- Les repas laotiens combinent souvent des plats traditionnels laotiens avec des plats typiques de l'Asie du Sud-Est. Voici une petite introduction pour vous aider à démarrer :

- Les entrées sont souvent légères et rafraîchissantes, comme des rouleaux de printemps frais (khao jeu de mots) ou une salade de papaye verte (tam mak hoong).

- Plats principaux : Plats grillés, cuits à la vapeur ou sautés avec des herbes fraîches et du poisson, du poulet, du canard ou du porc.

- Accompagnements : Le riz gluant est un aliment de base qui se marie bien avec la plupart des plats pour équilibrer les saveurs fortes.

Variétés de restaurants

1. Restaurants traditionnels laotiens : Excellents pour tous ceux qui cherchent à s'immerger dans la culture locale. Ils proposent fréquemment des menus ou des buffets où vous pouvez déguster une variété de plats.

2. Restaurants d'inspiration française : ces restaurants proposent un mélange de plats laotiens et de compétences culinaires françaises, reflétant l'histoire coloniale du pays.

3. Restauration au bord du fleuve : De nombreuses villes, notamment Vientiane et Luang Prabang, proposent des restaurants le long du Mékong, idéaux pour admirer le paysage tout en mangeant.

4. Restaurants végétariens et végétaliens : Bien que la viande soit prédominante dans la cuisine laotienne, il existe un nombre croissant d'établissements proposant des régimes à base de plantes.

Manières de manger

▪ Même si dîner au Laos est très informel, les pratiques traditionnelles sont respectées : avant de manger, lavez-vous les mains, surtout si vous mangez avec vos mains.

▪ Pour commencer le repas, il est d'usage d'attendre à table l'aîné.

▪ Lorsque vous avez terminé, placez les ustensiles dans votre assiette pour indiquer que vous avez terminé.

Tarifs

Les prix varient considérablement en fonction de l'emplacement et du type de restaurant. Les restaurants haut de gamme situés dans les lieux touristiques sont généralement plus chers, tandis que les établissements locaux sont généralement très raisonnables.

Les meilleurs restaurants du Laos

1. Lao Kitchen – Ce restaurant de Vientiane propose une authentique cuisine laotienne. Adresse : 114 Pangkham Road, Vientiane, Laos 0100. Veuillez nous contacter à info@laokitchen.com. Note TripAdvisor : 4,5 étoiles sur 5

2. Tamarind - Ce restaurant, également à Vientiane, offre une expérience culinaire unique en son genre avec sa cuisine fusion laotienne. 1 Ban Wat Nong, Vientiane, Laos 0100. Contactez-nous à info@tamarindlaos.com. Note TripAdvisor : 4,5 étoiles sur 51.

3. Restaurant Makphet – Ce restaurant de Vientiane sert des plats traditionnels laotiens avec une touche moderne. 3 Thanon Setthathirath, Ban Xieng Ngeun, Vientiane, Laos 0100. Contactez-nous à info@friends-international.org. Note TripAdvisor : 4,5 étoiles sur 51. Restaurant L'Elephant - Situé à Luang Prabang, ce restaurant propose une cuisine française et laotienne. Ban Vat Nong, Luang Prabang, Laos 0600. Contactez-nous à info@lelephant-restaurant.com. Note TripAdvisor : 4,5 étoiles sur 51. Restaurant Tangor - Ce restaurant de Luang Prabang sert une combinaison de cuisine laotienne et occidentale. 85/1 Sakkarine Road, Luang Prabang, Laos 0600. Veuillez nous contacter à info@tangorrestaurant.com. Note TripAdvisor : 4,5/5.

Expériences culinaires exceptionnelles

- Cours de cuisine : de nombreux restaurants proposent des cours de cuisine dans lesquels vous pouvez apprendre à préparer des plats traditionnels laotiens.
- Repas de la ferme à la table : Certains restaurants sont fiers d'utiliser des procédures durables et des ingrédients d'origine locale.

- Des dîners-spectacles avec de la musique et des danses traditionnelles laotiennes peuvent être une façon mémorable de passer une soirée.

Desserts et boissons

- Café Laotien : Incontournable après un repas, il est souvent servi fort et sucré.

- Desserts : recherchez des pâtisseries aux saveurs françaises ou des friandises locales comme la mangue avec du riz gluant.

- Bière et spiritueux laotiens : Une bière lao fraîche ou un shot de Lao-Lao peut être une merveilleuse façon de terminer un repas.

Régimes spéciaux et régimes végétariens

Le Laos a une longue histoire de biodiversité, qui se reflète dans l'utilisation abondante de légumes et d'herbes fraîches. Bien que le poisson et le porc soient des aliments de base de la cuisine traditionnelle, on constate une prise de conscience et une disponibilité croissantes des options végétariennes et diététiques spéciales.

Manger pour les végétariens

- Les végétariens trouveront plusieurs plats soit sans viande par défaut, soit simplement adaptables :

- Tam Mak Hoong (salade de papaye épicée) : Ce plat peut être cuisiné sans utiliser de sauce de poisson ni de crevettes.

- Laap Tofu : Une variante végétarienne du repas national à base de tofu au lieu de bœuf.

- Légumes sautés : populaires dans la plupart des restaurants locaux et fréquemment servis avec du tofu.

- Shakes et jus de fruits : ils sont fraîchement produits et généralement disponibles, mais ne demandent pas de sucre ajouté si vous préférez.

Alternatives végétaliennes

Même si le véganisme est moins connu, des repas végétaliens sont toujours disponibles, notamment dans les zones et villes à vocation touristique comme Vientiane et Luang Prabang. Les plats peuvent être personnalisés en supprimant la sauce de poisson et en la remplaçant par de la sauce soja.

Instructions sans gluten

Les visiteurs sans gluten doivent faire preuve de prudence car la sauce soja et la sauce aux huîtres sont souvent utilisées dans la cuisine laotienne. Faites toujours part de vos exigences, car de nombreux chefs sont prêts à s'adapter à des restrictions alimentaires inhabituelles.

Restaurants qui répondent aux régimes spéciaux

Recherchez les établissements qui déclarent spécifiquement qu'ils proposent des régimes végétariens, végétaliens ou sans gluten. Ceux-ci sont courants dans les grandes villes et les destinations touristiques.

Conseils de communication sur les restrictions alimentaires

- Apprenez ou faites écrire quelques phrases clés en laotien à montrer aux restaurateurs.

- Utilisez un outil de traduction ou gardez une carte de restriction alimentaire à portée de main pour décrire vos besoins.

- Parce que tous les serveurs ne connaissent pas le jargon diététique, soyez précis sur ce que vous pouvez et ne pouvez pas consommer.

Modifications culinaires

Au Laos, comme dans de nombreux pays d'Asie du Sud-Est, le végétarisme est souvent considéré comme l'abstention de viande rouge, c'est pourquoi le poulet ou le poisson sont généralement considérés comme acceptables. Précisez toujours si vous évitez tous les produits d'origine animale.

Marchés de producteurs et cours de cuisine

Explorer les marchés locaux peut être très satisfaisant pour les personnes suivant un régime spécial, car vous pouvez sélectionner les produits à votre goût. De plus, les séances de cuisine peuvent être adaptées à vos besoins alimentaires, vous permettant ainsi plus de choix quant à ce que vous mangez et vous informant sur la flexibilité de la cuisine laotienne.

Cafés et magasins de produits naturels

Un nombre croissant de magasins d'aliments naturels et de cafés, en particulier dans les zones urbaines, proposent un choix plus large de produits acceptables pour les personnes suivant un régime spécial, allant du lait sans produits laitiers aux collations sans gluten.

Visites gastronomiques et cours de cuisine

Grâce à la nourriture, vous pouvez pénétrer au cœur de la culture laotienne. Les cours de cuisine et les visites culinaires offrent une expérience instructive et délicieuse du Laos, que vous appreniez à préparer du riz gluant ou que vous parcouriez les marchés animés.

Leçons de cuisine

Un cours de cuisine au Laos va souvent au-delà de la simple création d'un plat ; c'est une expérience culturelle qui commence par la compréhension des ingrédients.

École de cuisine au tamarin de Luang Prabang

Ban Wat Sene se trouve à Luang Prabang.

Tamarind Cooking School, connue pour ses cours de cuisine complets qui commencent par une visite au marché, vous apprend à créer des classiques laotiens tels que le Mok Pa (poisson cuit à la vapeur dans des feuilles de bananier) et le riz gluant.

Les cours sont dispensés sous forme de demi-journée ou de journée complète.

Expériences au Laos (Vientiane)

Vientiane est l'emplacement.

Description : Fournit une instruction culinaire pratique dans un cadre familial, garantissant une compréhension approfondie de la cuisine laotienne. Il convient à tous les niveaux de cuisiniers et comprend des options végétariennes.

Durée d'environ 4 heures.

Visites de restaurants

Les visites gastronomiques offrent le point de vue d'un local sur les meilleurs endroits où manger ainsi que les histoires derrière les repas.

Visite gastronomique de Vientiane

- Commence au cœur de Vientiane.

- Une visite guidée à pied dans les rues de Vientiane, goûtant à la cuisine de rue, visitant des restaurants locaux et découvrant l'histoire et la culture culinaires laotiennes.

- Durée : 1 à 2 heures, généralement le soir.

Visite gastronomique dans les rues de Luang Prabang

Marché nocturne de Luang Prabang

- Explorez le marché nocturne animé avec un guide et dégustez une large gamme de produits alimentaires de rue, des collations salées aux desserts sucrés.

- Durée : 2 à 3 heures, commençant au crépuscule.

Visites d'un intérêt particulier

Ceux qui s'intéressent à des aspects spécifiques de l'alimentation ou de l'agriculture laotiennes devraient lire ce qui suit :

Visites de plantations de café et de thé (Plateau des Bolovens)

- Paksong se trouve dans la province de Champassak.

- Visitez les domaines verdoyants du plateau des Bolovens pour en apprendre davantage sur la production de café et de thé, ce qui comprend des dégustations.

- Durée : Des options d'une demi-journée et d'une journée complète sont disponibles.

Visites de jardins d'herbes aromatiques et de légumes (divers endroits)

- Localisation : On le trouve partout dans le pays, généralement dans le cadre d'éco-lodges ou de fermes biologiques.

- Ces visites donnent un aperçu des méthodes agricoles traditionnelles ainsi que de la gamme d'herbes et de légumes indigènes utilisés dans la cuisine laotienne.

- Durée : Peut aller d'une courte promenade à plusieurs heures.

Faire une réservation pour un cours ou une visite

- Réservez toujours à l'avance car les places sont limitées.
- Vérifiez l'inclusion du transport, surtout si l'emplacement est en dehors du centre-ville.

- Pour offrir une expérience sur mesure, renseignez-vous sur la taille des groupes.

- Vérifiez si la visite ou le cours peut répondre à des problèmes alimentaires.

Communication et langage

Bien que la plupart des conférences et des voyages se déroulent en anglais, apprendre quelques phrases en lao pour montrer sa gratitude ou poser des questions simples est bénéfique.

Boissons locales et vie nocturne

Le Laos, avec sa vaste origine ethnique et ses riches traditions, offre une expérience de vie nocturne unique en son genre, allant de la dégustation d'un vin de riz traditionnel laotien dans un village à la dégustation d'un martini dans un bar au bord du Mékong à Vientiane ou à Luang Prabang.

Boissons traditionnelles laotiennes

- Le whisky de riz lao-laotien, souvent fait maison et accessible dans les régions rurales, a du punch et est généralement extrêmement abordable. C'est plus qu'une simple boisson ; c'est une composante de l'hospitalité locale et des coutumes culturelles.

- Beerlao : Cette bière blonde, connue comme la bière nationale du Laos, a remporté des prix internationaux et est idéale pour une journée chaude. Il est largement disponible dans tout le pays.

- Vins de fruits : Des vins de fruits spéciaux créés à partir de baies et de fruits locaux sont disponibles dans de nombreux endroits et offrent une expérience de dégustation locale plus douce.

Alternatives sans alcool

- Café laotien : Le Laos produit du café exceptionnel, notamment du plateau des Bolovens. Essayez-le dans le style « kaafeh dam », qui est puissant et sucré, ou dans le style « kaafeh nom », qui est servi avec du lait concentré.

- Jus frais et smoothies : Les fruits tropicaux étant nombreux, les jus frais et les smoothies sont populaires et peuvent être trouvés sur les marchés et les étals de rue.

Lieux de vie nocturne

Vie nocturne à Vientiane

- Bor Pen Nyang Bar & Restaurant : Un lieu de rencontre populaire pour les expatriés et les touristes, avec une vue sur le toit du Mékong.

- Samlo Pub : Un vieux stand pour une bière rapide et une partie de billard.

La vie nocturne à Luang Prabang

- Icon Klub : un lieu de rencontre tranquille avec une carte de boissons solide et parfois des concerts.

- Utopie : Ce jardin zen avec vue sur la rivière est idéal pour une soirée détente.

Vie nocturne à Paksé

- Daolin Restaurant Cafe : offre une atmosphère relaxante avec une variété de boissons locales et internationales.

- Champady Bar : Un lieu sympa pour rencontrer des locaux et écouter de la musique live.

Cuisine de rue et marchés nocturnes

- Marché nocturne de Vientiane : situé le long du fleuve Mékong, c'est un endroit idéal pour se promener le soir, faire du shopping et déguster une variété de plats de rue.

- Marché nocturne de Luang Prabang : une atmosphère tranquille et magnifique, avec de nombreux stands vendant des spécialités locales et du café laotien.

Divertissements et spectacles culturels

- Spectacles de danse traditionnelle : ils sont disponibles dans certains lieux ou hôtels et peuvent être accompagnés de musique traditionnelle laotienne et d'un échantillon d'alcool local.

- Des groupes locaux et des artistes internationaux peuvent fréquemment être trouvés dans les grandes villes.

Conseils pour découvrir la vie nocturne laotienne

- Comparée aux pays voisins, la vie nocturne du Laos est plus modeste ; les salles ferment souvent vers minuit.

- Lorsque vous sortez, respectez les coutumes locales et habillez-vous modestement.

- Recherchez les événements spéciaux ou les festivals dans votre région qui peuvent proposer des activités nocturnes uniques.

CHAPITRE SEPT

Exploration du Laos

Un voyage au Laos est une enquête sur la paix, la beauté naturelle et la subsistance spirituelle. Le Laos a quelque chose pour tout le monde, des paisibles monastères de Luang Prabang à la nature sauvage de ses parcs nationaux. Voici une liste des lieux et activités incontournables au Laos.

Luang Prabang : un trésor culturel

Luang Prabang, connue comme le « cœur de la culture laotienne », est une ville tranquille et historiquement importante située au confluent des fleuves Mékong et Nam Khan. Sa fusion bien préservée d'habitations traditionnelles en bois laotiennes et d'architecture coloniale européenne des 19e et 20e siècles est un monument de sa valeur culturelle, historique et architecturale, et c'est un site du patrimoine mondial désigné par l'UNESCO. Ce guide aidera les visiteurs à approfondir les nombreuses facettes de l'histoire de Luang Prabang.

Monuments historiques et culturels

- Musée du Palais Royal (Haw Kham) : Autrefois maison du roi, aujourd'hui musée présentant des antiquités royales et offrant un aperçu bien conservé du passé du Laos.

- Wat Xiengthong : Avec son toit élancé, ce « Temple de la Ville d'Or » est l'un des monastères les plus importants du Laos et un monument remarquable de la religion, de la noblesse et de l'art traditionnel. Wat Visounnarath : Le plus ancien temple en activité de Luang Prabang, datant datant de 1513, est connue pour son stupa de forme unique, construit pour ressembler à une fleur de lotus.

Merveilles naturelles

- Grottes de Pak Ou : Ces grottes sont un lieu spirituel avec des milliers de statues et d'icônes de Bouddha que les habitants y ont placées pendant des centaines d'années.

- Cascade de Tad Sae : Ces cascades, moins connues que Kuang Si mais tout aussi charmantes, sont accessibles par une courte promenade en bateau et offrent de beaux spots de baignade.

L'artisanat dans les arts et métiers

- Centre d'arts traditionnels et d'ethnologie : ce centre est dédié aux traditions ethniques du Laos, offrant un aperçu des nombreux groupes ethniques et de leurs artisanats traditionnels.

- Les marchés nocturnes regorgent d'objets artisanaux tels que les textiles, les bijoux et la fabrication du papier.

Exercices spirituels

- Cérémonie d'aumône : alors que les moines collectent secrètement l'aumône avant le lever du jour, cette pratique traditionnelle laotienne offre un lien significatif avec la culture locale.
- Séjours de méditation et de monastère : Plusieurs monastères proposent des séjours et des retraites de méditation pour ceux qui cherchent à approfondir.

Aventures culinaires

- Marché du matin : une pléthore de saveurs et d'ingrédients locaux, idéal pour les gourmets désireux de goûter à la cuisine traditionnelle laotienne.

- Cours de cuisine : De nombreux restaurants et instituts culinaires proposent des cours de cuisine laotienne.

Activités extérieures

- Croisières sur le Mékong : faites une excursion tranquille en bateau le long du Mékong pour admirer la beauté de la région.

- Randonnée sur le mont Phousi : Une ascension de 100 mètres jusqu'au sommet du mont Phousi récompense les grimpeurs avec une vue à 360 degrés sur la ville et ses environs.

Festivals et événements spéciaux

- Pi Mai Lao (Nouvel An laotien) est célébré en avril avec des processions, des bénédictions d'eau et de joyeuses célébrations.

- Chaque mois de décembre, le Festival du film de Luang Prabang présente des films d'Asie du Sud-Est.

Repos

- De nombreux bâtiments coloniaux ont été transformés en hôtels-boutiques attrayants qui offrent un séjour merveilleux.

- Spas : détendez-vous avec des saunas aux herbes traditionnels laotiens ou des massages après une journée d'exploration.

Conseils et informations aux visiteurs

- Respectez les normes locales : lors de votre visite, couvrez vos épaules et vos genoux en signe de respect.

- Voyage durable : faites appel à des guides locaux et achetez auprès d'artisans locaux pour soutenir l'économie locale.

- Se déplacer : Bien que la ville soit accessible à pied, des vélos peuvent être loués et constituent un moyen fantastique d'explorer plus loin.

Luang Prabang est un véritable village où la culture laotienne peut être vécue au quotidien, et pas seulement comme une relique historique. C'est un site où passé et présent cohabitent, offrant aux touristes une expérience authentique et fascinante.

Vientiane : la capitale du Laos

Vientiane, la capitale du Laos, est l'une des villes les plus sereines d'Asie du Sud-Est. Des influences laotiennes, thaïlandaises, chinoises, vietnamiennes, françaises et américaines cohabitent dans cette ville. L'environnement paisible de Vientiane est accentué par une pléthore de temples, une architecture coloniale et une ambiance décontractée au bord de la rivière. Vientiane a un charme discret mais puissant pour les voyageurs, agissant souvent comme une ouverture agréable ou une finale tranquille à une expérience laotienne.

Attractions d'intérêt culturel et historique

1. That Luang (Grand Stupa) : Bien national et point focal des rites bouddhistes, le stupa doré est un symbole emblématique du Laos.

2. Patuxai (Porte de la Victoire) : Ce monument, calqué sur l'Arc de Triomphe, offre une vue panoramique depuis le sommet et est agrémenté de personnages mythologiques laotiens.

3. Haw Phra Kaew : Ce temple, qui abritait autrefois le Bouddha d'émeraude, est aujourd'hui un musée contenant une collection d'art bouddhiste.

Le ministère des Parcs et des Loisirs

1. Parc du Bouddha (Xieng Khuan) : Situé à 25 kilomètres du centre-ville, ce parc de sculptures contient environ 200 monuments hindous et bouddhistes.

2. La promenade au bord du Mékong est idéale pour les promenades en soirée, les exercices cardiovasculaires et la dégustation de cuisine de rue.

Cuisine et restauration

1. Lao Kitchen : sert une cuisine traditionnelle laotienne dans un environnement convivial pour les touristes.

2. Restaurants français : Les restaurants français, rappelant l'époque coloniale, proposent des croissants et du café aux côtés de plats français traditionnels.

3. Stands de nourriture de rue : Le marché nocturne et les coins de rue offrent suffisamment d'occasions aux mangeurs aventureux de goûter aux cuisines locales.

Marchés et Shopping

1. Talat Sao (marché du matin) : un marché ouvert toute la journée qui propose de tout, de l'électronique aux textiles, et donne un aperçu de la vie quotidienne dans la région.

2. Marchés artisanaux : Achetez des tissus, de l'argenterie et des objets artisanaux traditionnels laotiens comme souvenirs ou cadeaux sur ces marchés.

Loisirs et bien-être

1. Détendez-vous avec des massages traditionnels laotiens et des saunas aux herbes au spa.

2. Des programmes de yoga et de méditation sont disponibles dans plusieurs centres, offrant un espace de bien-être physique et spirituel.

Divertissement et arts

- Le Musée national du Laos, installé dans une structure coloniale française, documente l'histoire du Laos de la préhistoire à nos jours.

- Des spectacles de danse et de musique traditionnelles sont fréquemment organisés dans les grands hôtels ou sur les sites culturels.

Socialisation et vie nocturne

- Bars au bord de la rivière : sirotez un Beerlao ou un verre tout en regardant le coucher de soleil sur le Mékong.

- Marchés nocturnes : parcourez les étals et détendez-vous dans l'atmosphère nocturne.

Informations utiles

- Les tuk-tuks sont largement disponibles et peuvent être loués pour de courts trajets ou négociés pour une journée complète de visite.

- Bureau de change : les services de change sont fournis par plusieurs banques et bureaux de change, et des guichets automatiques sont généralement disponibles.

Conseils aux visiteurs

- Respectez les normes locales en vous portant modestement, en particulier lorsque vous visitez des sites religieux.

- Sécurité et étiquette : Vientiane est généralement sûre, mais des précautions de voyage standard doivent être prises. Lorsque vous discutez de politique ou de la famille royale, soyez toujours respectueux.

- Interaction locale : Interagir avec les gens de manière amicale peut conduire à des expériences enrichissantes ; apprendre quelques phrases en lao est très apprécié.

Le charme de Vientiane réside dans son attitude décontractée, qui permet aux touristes d'explorer sa richesse culturelle à leur guise, généralement à distance de marche ou à quelques minutes en voiture. Que vous dégustiez la cuisine d'influence française, que vous flâniez dans les marchés ou que vous profitiez du calme du Mékong, Vientiane est un répit bienvenu loin de l'agitation habituelle des capitales.

Vang Vieng : aventure et loisirs

Vang Vieng est une fantastique destination d'aventure et de loisirs. Autrefois un village fluvial paisible, il a gagné en popularité et a créé une variété d'activités pour plaire à tous les types de visiteurs. Voici comment profiter à la fois du côté audacieux et plus décontracté de Vang Vieng :

Activités d'aventure :

1. Vols en montgolfière : Voir l'environnement karstique d'en haut est l'une des façons les plus merveilleuses de le voir. Les

promenades au lever et au coucher du soleil offrent des vues magnifiques sur la rivière et les rizières.

2. Escalade : Les falaises calcaires de Vang Vieng sont idéales pour l'escalade, avec des itinéraires accessibles pour tous les niveaux.

3. Spéléologie : Il existe diverses cavernes à explorer, notamment Tham Poukham qui possède un « Blue Lagoon » idéal pour une baignade rafraîchissante.

4. Kayak et tubing : Descendre la rivière Nam Song est une excellente façon de profiter du paysage. Le tubing, une option plus décontractée, était à l'origine la principale attraction des voyageurs visitant cette région.

5. Vélo : La location d'un vélo ou d'une moto vous permet de découvrir les environs à votre guise.

6. Tyrolienne : Pour une montée d'adrénaline, des stages de tyrolienne vous font survoler des paysages verdoyants.

Activités récréatives:

1. Nager dans le lagon et la rivière : Le Lagon Bleu n'est que l'un des nombreux sites calmes, idéaux pour une baignade tranquille et un pique-nique.

2. Visitez les temples locaux et les sculptures de Bouddha, plus tranquilles mais non moins époustouflantes.

3. Bars au bord de la rivière : Il existe de nombreux bars et restaurants où vous pourrez prendre un verre tout en regardant le coucher de soleil sur la rivière.

4. Massage laotien : Détendez-vous après une longue journée de travail avec une aventure de massage traditionnel laotien.

5. Cuisine locale : Dégustez des spécialités locales dans l'un des nombreux restaurants de la ville. La cuisine laotienne est fraîche et délicieuse, et vous pourrez la déguster tout en admirant le paysage.

Hébergement:

Les options d'hébergement vont des auberges économiques aux villas au bord de la rivière et aux complexes hôteliers haut de gamme. Beaucoup de ces endroits mettent l'accent sur la détente avec des vues magnifiques et des équipements confortables, ce qui en fait un moyen idéal pour terminer une journée active.

Les visiteurs doivent savoir :

- Soyez conscient de l'environnement : Vang Vieng est magnifique et une partie de son attrait réside dans sa nature intacte. Tenez compte de votre impact environnemental.

- Même si les sports d'aventure sont passionnants, travaillez toujours avec une entreprise digne de confiance qui fournit des équipements et des instructions de sécurité.

- Respectez les coutumes locales : soyez toujours attentif aux traditions et coutumes des villageois locaux lorsque vous interagissez avec eux.

- Vérifiez la météo : Certaines activités peuvent être saisonnières ou dépendantes des conditions météorologiques, en particulier les activités liées à l'eau qui peuvent être influencées par les précipitations et le niveau des rivières.

Vang Vieng offre un équilibre qui peut être adapté à la vitesse souhaitée, que vous recherchiez l'excitation de l'aventure ou le calme de la vie fluviale. Renseignez-vous auprès des guides locaux et des voyagistes pour obtenir les informations les plus récentes sur les activités disponibles et suggérées lors de votre visite.

Le plateau des Bolovens et Paksé

Paksé est la capitale de la province de Champassak, dans le sud du Laos, et sert de point d'entrée au plateau des Bolovens. Le plateau est réputé pour son environnement doux, ses belles cascades, ses colonies ethniques et son excellent emplacement pour la culture du café. Voici un guide de voyage à Paksé et au plateau des Bolovens :

Au Pakistan:

- Wat Phou Salao : Commencez par une visite du Bouddha d'or, qui surplombe la ville et offre une vue panoramique, notamment au coucher du soleil.

- Marché de Paksé : visitez le marché local pour en apprendre davantage sur la vie quotidienne laotienne et déguster des plats locaux.

- Musée du patrimoine historique de Champasak : Découvrez l'histoire et la culture de la région, y compris les périodes pré-angkorienne et angkorienne.

Exploration du plateau des Bolovens :

1. Cascades : La cascade de Tad Fane, un ensemble de deux cascades plongeant dans une gorge profonde, est l'une des plus célèbres et des plus attrayantes. Tad Yuang, Tad Pasuam et le

large Tad Pha Suam, entouré d'un magnifique parc Utopia, font partie des autres cascades.

2. Plantations de café : découvrez le processus de fabrication du café et essayez quelques-unes des bières locales dans l'une des nombreuses plantations de café. Les visites guidées du café sont populaires car elles vous montrent le processus complet, du grain à la tasse.

3. Trekking et séjours chez l'habitant : Pour ceux qui souhaitent des randonnées plus longues, certains sentiers permettent aux visiteurs de visiter des villages éloignés et de passer la nuit, offrant ainsi une expérience culturelle plus approfondie.

4. Boucle de moto : louez une moto et parcourez les magnifiques paysages, cascades et villages de la boucle du plateau des Bolovens. La boucle peut être complétée en une seule journée, mais deux jours ou plus sont recommandés à un rythme plus tranquille.

Hébergement:

Paksé propose une variété de maisons d'hôtes et d'hôtels économiques. Les écolodges et les familles d'accueil basiques sur le plateau des Bolovens offrent une expérience plus authentique et rustique.

Perspectives culturelles :

Lorsque vous visitez des villages ethniques, soyez toujours respectueux. Avant de prendre des photos, obtenez la permission, habillez-vous modestement et soyez respectueux.

Interaction avec les tribus locales : L'interaction avec les tribus locales peut être bénéfique, mais il est préférable de le faire avec un guide local qui peut interpréter et garantir que les interactions sont respectueuses et acceptables.

Conseils de Voyage:

1. La meilleure période pour visiter se situe entre novembre et février, lorsque le temps est sec et plus frais.

2. Préparez-vous à la météo : Le plateau étant plus haut et donc plus frais que Paksé, vous devrez peut-être apporter une veste ou un pull, surtout le soir ou tôt le matin.

3. Précautions pour la santé : Assurez-vous d'avoir tous les vaccins nécessaires et de prendre un insectifuge.

4. Location de motos : Si vous avez l'intention d'explorer par vous-même, assurez-vous que vous êtes à l'aise sur une moto et que vous disposez du permis et de l'assurance nécessaires.

Paksé et le plateau des Bolovens offrent la combinaison idéale de beauté naturelle, d'activités culturelles et d'aventure. Vous êtes assuré de passer un moment enrichissant, que vous admiriez d'énormes cascades, que vous profitiez de la fraîcheur du climat tout en sirotant un café cultivé localement ou que vous rencontriez les différentes communautés ethniques qui habitent le plateau.

Les mystères de la Plaine des Jarres

La plaine des Jarres au Laos est l'un des mystères archéologiques les plus intrigants d'Asie du Sud-Est. Ces jarres en pierre de tailles variées, certaines mesurant jusqu'à trois mètres (presque dix pieds) et pesant plusieurs tonnes, auraient plus de 2 000 ans et sont disséminées sur le plateau de Xieng Khouang, au nord du Laos.

Le mystérieux :

L'origine exacte et la fonction de ces jarres sont encore inconnues, ce qui les rend si énigmatiques. Plusieurs théories existent, notamment :

Les jarres étaient employées dans les traditions funéraires préhistoriques, selon l'idée la plus fréquemment admise. Selon les preuves, ils ont peut-être été utilisés pour retenir les corps jusqu'à ce qu'il ne reste que les os, qui ont ensuite été nettoyés et enterrés dans le sol ou dans des bocaux séparés.

Une autre suggestion est que les jarres étaient utilisées pour collecter les précipitations de mousson pour les caravanes traversant la région. Cependant, on suggère qu'ils étaient utilisés pour stocker de la nourriture ou du vin de riz.

Liés à la guerre : Les jarres ont un passé plus récent, car la région a été durement attaquée pendant la guerre du Vietnam. Les munitions non explosées (UXO) restent un problème dans la région, limitant les recherches approfondies.

Fouilles et recherches :

Des ossements humains, des objets funéraires et des céramiques ont été découverts autour et dans les jarres, corroborant la notion de sépulture.

D'autres fouilles menées ces dernières années ont abouti à la découverte de couvercles et d'autres sites, certains avec des jarres plus petites, indiquant peut-être une hiérarchie sociale dans les processus funéraires.

Malgré les risques posés par les UXO, les équipes archéologiques ont continué à travailler sur les sites et à en apprendre davantage sur la civilisation qui fabriquait les jarres.

Explorer la Plaine des Jarres :

Site 1 : Le plus grand site, proche de la ville de Phonsavan, est aussi le plus facile d'accès, avec environ 250 jarres.

Spots 2 et 3 : Ce sont des endroits modestes mais époustouflants qui nécessitent souvent une courte randonnée pour les atteindre.

Visites guidées : En raison de la présence d'UXO, il est fortement recommandé aux visiteurs de visiter les sites avec un guide expérimenté et de rester sur les sentiers indiqués.

Visites de musées : Le centre d'accueil des UXO et le centre d'accueil du site 1 de la Plaine des Jarres fournissent un contexte et aident les touristes à comprendre l'importance historique de ce dont ils sont témoins.

Importance culturelle :

Les sites ont désormais été désignés sites du patrimoine mondial de l'UNESCO, ce qui non seulement reconnaît leur importance culturelle, mais contribue également aux efforts de préservation.

Les jarres représentent la persévérance laotienne, ayant enduré des siècles d'altérations et même de conflits actuels.

Tourisme à long terme :

En tant que visiteur, vous pouvez contribuer à préserver la Plaine des Jarres en respectant les restrictions locales, en suivant les sentiers balisés et en ne grimpant pas sur les jarres.

La Plaine des Jarres continue d'enchanter les visiteurs par son passé mystérieux et les nombreuses histoires qui restent à découvrir sous ses sols. Chaque pot semble être un témoin muet d'une histoire antérieure aux documents écrits, attirant autant l'imagination que l'investigation scientifique.

Villages ethniques et hauts plateaux du nord

Les hauts plateaux du nord du Laos sont un lieu d'une variété culturelle exceptionnelle et de vues à couper le souffle. Elle abrite un large éventail de communautés ethniques, chacune avec ses propres traditions, dialectes et artisanats. Les montagnes Rocheuses, les forêts luxuriantes et les rivières paisibles offrent un cadre idéal pour visiter les nombreux villages ethniques.

Visites de villages ethniques :

1. Luang Namtha et Muang Sing sont réputés pour leurs possibilités de randonnées qui vous mèneront à travers les villages ethniques des peuples Akha, Hmong et Lanten. Vous

pourrez découvrir leur mode de vie distinctif, leurs maisons traditionnelles et leur artisanat.

2. Phongsaly : Cette province possède la plus grande diversité ethnique du Laos, avec des groupes ethniques tels que les Akha, les Kmhmu, les Tai Lue et les Hor. Le musée ethnique de Phongsaly fournit des informations sur les cultures locales.

3. Udomxai (Oudomxay) : La province est un creuset d'ethnies, et voyager ici offre l'occasion de se plonger dans la vie quotidienne des Khmu, des Hmong et des Tai Dam.

4. Cérémonie Sapa Baci : Participer à une cérémonie traditionnelle peut être une expérience culturelle qui change la vie. La cérémonie Baci, qui consiste à attacher des rubans blancs autour du poignet d'une personne pour porter chance, est organisée pour commémorer des événements clés et honorer les invités.

Considérations pour la culture :

1. Respectez les coutumes locales : traitez toujours les communautés avec dignité. Il est préférable d'y aller avec un guide qui pourra vous interpréter et vous renseigner sur les coutumes et l'étiquette locales.

2. Avant de photographier : tous les villageois n'acceptent pas d'être photographiés. Obtenez toujours la permission avant de prendre des photos.

3. Soutenez l'artisanat local : acheter des produits artisanaux directement auprès des locaux contribue à l'économie locale. Soyez cependant prudent quant à l'origine des choses pour vérifier qu'elles ne sont pas importées et qu'elles sont créées localement.

4. Soyez discret : habillez-vous modestement et comportez-vous de manière à respecter la culture locale, en particulier dans les endroits isolés où les touristes ne sont pas nombreux.

Nature et aventure :

1. Randonnée : Il existe de nombreux itinéraires de randonnée dans les hautes terres, dont la longueur et la complexité varient de la randonnée d'une journée à la randonnée de plusieurs jours avec des séjours chez l'habitant dans les villages locaux.

2. Observation de la faune : Les forêts de la région sont riches en biodiversité, ce qui permet d'observer les oiseaux et d'apercevoir une faune plus grande.

3. Activités fluviales : Les rivières qui traversent les hauts plateaux, comme la Nam Ou, sont idéales pour le kayak ou les

croisières en bateau lent, offrant aux visiteurs une vue unique sur l'environnement et la vie du village au bord de la rivière.

Hébergement et transport :

1. Famille d'accueil : De nombreux villages ethniques proposent des programmes de séjour chez l'habitant dans lesquels vous pouvez séjourner dans une famille locale, partager des repas et découvrir leur culture.

2. Eco-Lodges : Des éco-lodges axés sur le tourisme durable et la préservation culturelle sont également disponibles.

3. Accès : Certaines colonies ne sont accessibles que par bateau ou par chemin de terre, ce qui peut ajouter à l'aventure. Les conditions routières varient et certaines régions peuvent être inaccessibles pendant la saison des pluies.

Quand devriez-vous y aller :

Les Hautes Terres du Nord sont mieux visitées pendant la saison sèche, qui s'étend d'octobre à avril, lorsque le temps est plus doux et les routes plus navigables.

Voyager dans les hauts plateaux du nord du Laos est l'occasion de découvrir la tapisserie complexe de cultures qui composent cette région du monde, ainsi que de découvrir la beauté naturelle spectaculaire. C'est une expérience très satisfaisante pour les personnes recherchant une meilleure compréhension de la diversité culturelle laotienne ainsi qu'un lien avec la nature.

CHAPITRE HUIT

Attractions et activités

Le Laos est un pays au rythme lent où les visiteurs peuvent s'immerger dans la nature, la spiritualité et les cultures traditionnelles. Le Laos a une gamme d'activités et de sites touristiques à offrir, que vous soyez un aventurier, un passionné de culture ou que vous cherchiez simplement à vous détendre.

Activités extérieures:

1. Trekking : Avec son magnifique terrain et ses villages diversifiés, le nord du Laos offre certains des meilleurs trekking d'Asie du Sud-Est. Luang Namtha et Muang Sing sont des destinations de trekking populaires.

2. Le Mékong et ses affluents sont idéaux pour les croisières fluviales, le kayak et le tubing. Vang Vieng est particulièrement connue pour le tubing et le kayak, tandis que les Quatre Mille Îles au sud sont idéales pour se détendre au bord de la rivière.

3. Spéléologie : Le Laos possède certains des systèmes de grottes les plus magnifiques d'Asie du Sud-Est. Tham Kong Lo, une grotte fluviale de 7,5 kilomètres de long au centre du Laos, est particulièrement impressionnante. Vang Vieng possède également plusieurs grottes à explorer.

4. Cascades : Visitez les magnifiques chutes de Kuang Si près de Luang Prabang, ou les différentes cascades du plateau des Bolovens au sud, comme Tad Fane et Tad Yuang.

5. Escalade : Vang Vieng et ses environs sont en train de devenir des lieux d'escalade célèbres.

6. VTT : Le terrain varié offre d'excellentes opportunités aux vététistes, avec des magasins de location situés dans les principales destinations touristiques.

Rencontres culturelles :

1. Temples et monastères : visitez les superbes temples de Luang Prabang, notamment le Wat Xieng Thong, et assistez à la cérémonie d'aumône au lever du soleil.

2. Visitez les colonies de minorités ethniques à travers le pays, en particulier dans les Hautes Terres du Nord, pour en apprendre davantage sur le tissage traditionnel, la distillation de spiritueux et d'autres métiers.

3. Festivals : Planifiez votre voyage autour des fêtes locales, comme le Nouvel An laotien (Pi Mai Lao) en avril, marqué par des batailles d'eau, des processions et des cérémonies.

4. Cours de cuisine : assistez à un cours de cuisine pour en apprendre davantage sur la cuisine laotienne, qui présente des ingrédients frais et un caractère gustatif distinct.

Bien-être et détente :

1. Après une journée de trekking ou de tourisme, offrez-vous des massages traditionnels laotiens et des saunas aux herbes, notamment à Luang Prabang.

2. Yoga et méditation : Profitant de la nature tranquille du Laos, certaines maisons d'hôtes et centres de villégiature proposent des cours de yoga et de méditation.

3. Excursions en bateau lent : faites une excursion tranquille en bateau sur le fleuve Mékong, une expérience laotienne traditionnelle qui offre des vues à couper le souffle et une occasion de se détendre.

Lieux historiques:

1. La Plaine des Jarres : Près de Phonsavan, découvrez l'énigmatique Plaine des Jarres, un site ancien avec d'énormes jarres en pierre disséminées dans la campagne.

2. Wat Phou : Site du patrimoine mondial de l'UNESCO, Wat Phou est un ancien complexe de temples khmers à Champasak, antérieur à Angkor Wat.

3. Le Musée du Palais Royal de Luang Prabang fournit des informations sur l'histoire du Laos et sur la famille royale.

Conservation de la faune :

1. Sanctuaires d'éléphants : Il existe des sanctuaires pour les éléphants retraités près de Luang Prabang qui permettent une interaction responsable avec ces merveilleuses bêtes.

2. Visitez l'une des zones protégées nationales du Laos, comme la NPA de Nam Ha, pour observer divers animaux et contribuer aux efforts de conservation.

Achats:

1. Marchés nocturnes : Le marché nocturne de Luang Prabang est réputé pour son artisanat, ses textiles et ses souvenirs.

2. La broderie Hmong, la soie laotienne et les produits en papier faits à la main sont des exemples d'articles artisanaux.

Tenez compte de la saison lors de la planification de vos activités, car la saison des pluies peut restreindre l'accès à certains sites et activités. Quoi que vous fassiez, l'attrait du Laos réside dans sa capacité à offrir des expériences uniques qui s'adaptent à toutes les vitesses de déplacement.

Monastères et temples

Le Laos, avec son riche héritage spirituel, regorge de temples et de monastères essentiels à la vie quotidienne de sa population. Ces sites ne sont pas seulement des lieux de culte, mais aussi des collections d'art, de culture et d'histoire du monde entier. Voici une liste de certains des temples et monastères les plus remarquables de la région.

Dans la ville de Luang Prabang :

Xieng Thong Vat :

Wat Xieng Thong, l'un des temples les plus magnifiques du Laos, est un excellent exemple de l'architecture des temples laotiens, avec ses plafonds bas et ses délicates mosaïques de verre.

La mosaïque de l'Arbre de Vie sur le mur du fond du temple principal est très connue.

Vat Visoun (Vat Wisunarat) :

- Le temple le plus ancien de Luang Prabang, datant du XVIe siècle.

- C'est l'emplacement du Watermelon Stupa, ainsi nommé en raison de sa forme.

Suwannaphumaham Wat Mai (Wat Mai) :

- Il est célèbre pour son toit à cinq niveaux et ses fenêtres en bois richement ornées.

- C'est l'un des plus grands temples de Luang Prabang et servait de palais au Sangharaja, chef du bouddhisme laotien.

Palais royal de Haw Kham :

Le complexe du Palais Royal comprend le Haw Phra Bang, qui abrite le Phra Bang, une image de Bouddha très vénérée qui a donné son nom à Luang Prabang.

Dans la ville de Vientiane :

Ce Luang Pha :

Pha That Luang, un immense stupa bouddhiste recouvert d'or, est un symbole national du Laos.

C'est un endroit très respecté car on pense qu'il abrite le sternum de Bouddha.

Le Vat Si Saket :

Le temple le plus ancien de la ville est célèbre pour son mur composé de milliers de petites images de Bouddha et de rangées de bouddhas assis.

Elle a échappé à l'invasion siamoise de 1828, qui a détruit une grande partie de Vientiane.

Haw Phra Kaew dit :

Il a été construit à l'origine pour abriter le Bouddha d'Émeraude, mais c'est aujourd'hui un musée contenant une collection d'art bouddhiste.

Dialecte Champassak :

Wat Phou (parfois orthographié Wat Phu) :

Un ancien complexe de temples hindous khmers du 5ème siècle.

C'est aujourd'hui un site du patrimoine mondial de l'UNESCO après avoir été transformé en monastère bouddhiste.

Autres emplacements importants :

Wat Pha That Luang de Vientiane :

C'est l'un des monastères les plus renommés des moines laotiens, situé près de Pha That Luang, et sert de centre d'études religieuses et de célébrations de festivals.

Khun Vat Long :

Ce temple, situé de l'autre côté du Mékong par rapport à Luang Prabang, était à l'origine une retraite pour la famille royale et un lieu de purification spirituelle avant leur couronnement.

Sainyaphum Vat :

Il est connu comme un centre d'éducation et un site où de nombreux jeunes moines étudient à Savannakhet.

Il est essentiel de s'habiller modestement, de se couvrir les épaules et les genoux, et de se comporter poliment lors de la visite des temples et monastères du Laos, car ce sont des lieux de dévotion. De nombreux temples auront des panneaux indiquant où la photographie est autorisée ou non.

Des moines et des novices vivent fréquemment dans ces complexes de temples et vous pourrez peut-être assister à leurs rituels quotidiens et, dans certaines circonstances, même participer à la distribution d'aumônes tôt le matin, une pratique particulièrement courante à Luang Prabang. Il est toutefois essentiel d'observer cette pratique avec respect et, idéalement, sous la supervision d'une personne connaissant les coutumes locales.

Réserves naturelles et parcs

Le Laos possède des ressources naturelles et une biodiversité abondantes. Plusieurs zones protégées nationales ont été conçues pour conserver les divers écosystèmes et la faune du pays. Ces emplacements offrent d'excellentes options pour l'écotourisme et les voyages d'aventure, comme la randonnée, l'observation de la faune et les interactions culturelles avec les résidents. Voici quelques-uns des parcs naturels et zones protégées les plus remarquables du Laos :

Aire nationale protégée de Nam Ha

La province de Luang Namtha est située au nord du Laos.

Points forts : Cette région est connue pour sa diversité ethnique et biologique. Il dispose d'une infrastructure écotouristique bien développée qui comprend des randonnées et des séjours chez l'habitant dans des villages minoritaires. Le parc national de Nam Ha fait partie de la grande réserve de biosphère de Luang Namtha.

Aire Nationale Protégée de Phou Khao Khouay

Localisation : Près de Vientiane.

Les points forts incluent des cascades, des sentiers pittoresques et une variété d'animaux sauvages tels que des éléphants, des léopards et d'autres espèces d'oiseaux. Il est facilement accessible depuis la capitale, ce qui en fait une destination populaire pour une excursion d'une journée ou une nuit.

Aire nationale protégée de Dong Hua Sao

Les provinces de Champassak et de Saravan se trouvent dans le sud du Laos.

Points forts : Il est célèbre pour ses populations d'oiseaux, parmi lesquelles figurent les calaos et le paon vert, une espèce en voie de disparition. Il existe diverses cascades, dont la célèbre cascade de Tad Fane, que l'on peut voir dans le cadre d'une promenade.

Réserve Naturelle de Bokéo

La province de Bokeo est située au nord-est du Laos.

Points forts : Bokeo a été créé spécialement pour conserver l'habitat du gibbon à joues noires et constitue un site populaire auprès des voyageurs intéressés par la faune. L'expérience Gibbon, qui mêle conservation et écotourisme à travers des cabanes dans les arbres et des tyroliennes dans la canopée forestière, se trouve également ici.

Aire Nationale Protégée de Phou Hin Poun

La province de Khammouane est l'emplacement.

Le paysage se distingue par des montagnes calcaires avec de nombreuses cavernes. La magnifique grotte de Kong Lor, l'une des merveilles naturelles du Laos, fait partie de cette région protégée et propose des excursions en bateau à travers son immense caverne.

Aire nationale protégée de Xe Pian

Les provinces de Champasak et Attapeu sont impliquées.

Points forts : Cet endroit est réputé pour ses immenses zones humides et est idéal pour l'observation des oiseaux. Il abrite également certaines des populations d'éléphants les plus importantes du Laos.

Aire Nationale Protégée de Nam Et-Phou Louey

Provinces de Houaphan et Luang Prabang.

Points forts : Le parc propose un safari nocturne unique en son genre qui permet aux touristes d'observer des espèces nocturnes. Il abrite également l'une des dernières populations de tigres d'Indochine du Laos.

Aire nationale protégée de Hin Namno

La province de Khammouane est l'emplacement.

Points forts : Ce parc borde le parc national vietnamien de Phong Nha-Ke Bang, classé au patrimoine mondial de l'UNESCO. Elle est réputée pour sa biodiversité et son relief karstique.

Considérations pour les visiteurs :

Lors de la visite de ces lieux protégés, pensez à :

Respect de la faune : Gardez une distance sécuritaire et respectueuse avec la faune. Nourrir ou interagir avec des animaux peut être nocif pour eux et dangereux pour vous.

Lignes directrices : respectez les sentiers établis et suivez les règles du parc. Cela préserve l'environnement tout en garantissant votre sécurité.

Envisagez de faire appel à des opérateurs de voyages et à des services respectueux de l'environnement qui contribuent aux initiatives de conservation.

Emballez, emballez : Pour aider à protéger ces lieux pour les générations futures, ne laissez aucune trace de votre séjour.

Visiter ces régions protégées offre non seulement une expérience inoubliable, mais profite également aux populations locales et contribue à préserver le patrimoine naturel unique du Laos.

Randonnée et Trekking

Le trekking et le trekking au Laos peuvent être une formidable opportunité de découvrir les paysages à couper le souffle, la diversité de la biodiversité et la variété culturelle du pays. Voici quelques destinations importantes de trekking et de randonnée, ainsi que quelques conseils d'aventure :

Région du nord-ouest du Laos

Muang Sing et Luang Namtha :

Ces endroits sont réputés pour leurs itinéraires de randonnée à travers les forêts tropicales luxuriantes, les crêtes des hautes terres et les villages de minorités ethniques. Il existe des promenades d'une journée ainsi que des randonnées de plusieurs jours qui impliquent des séjours chez l'habitant dans les villages locaux.

Phongsali :

Cette région offre certaines des randonnées les plus reculées et les plus difficiles du Laos, vous mettant en contact avec de nombreuses tribus montagnardes dont les modes de vie anciens sont restés pour la plupart restés inchangés.

Aire Nationale Protégée de Nam Ha :

Les randonnées ici se concentrent souvent sur la biodiversité de la région et les liens culturels avec les communautés locales, en mettant l'accent sur l'écotourisme.

Centre du Laos

Vang Vieng (Vang Vieng) :

Vang Vieng, autrefois connue pour sa scène festive, est désormais un haut lieu des activités de plein air. Une randonnée dans la région karstique voisine, avec son réseau de cavernes et de lagons azur, peut être une expérience agréable.

Aire Nationale Protégée de Phou Khao Khouay :

Cet emplacement près de Vientiane propose des randonnées d'une journée et des nuitées. L'observation de la faune est possible et il y a de superbes cascades et rivières.

Le Laos au sud

Plateau des Bolovens :

Le plateau des Bolovens, connu pour ses plantations de café, ses cascades et son climat frais, propose des randonnées moins exigeantes et riches en splendeur visuelle.

Quatre mille îles (Si Phan Don) :

Bien que la région ne soit pas une destination de randonnée, elle propose des promenades à pied et à vélo autour des îles, ce qui peut constituer un changement de rythme rafraîchissant.

Aire Nationale Protégée de Xe Pian :

Ici, le trekking allie découverte naturelle et culturelle, avec la possibilité d'observer la faune et de visiter des villages minoritaires.

Conseils de randonnée au Laos :

Sélectionnez la bonne saison :

La saison sèche, de novembre à mars, est idéale pour faire du trekking au Laos puisque le temps est plus frais et les itinéraires moins boueux. Pendant la saison des pluies, les sentiers peuvent devenir glissants et certaines parties peuvent devenir inaccessibles.

Employer un guide local :

L'embauche d'un guide local est particulièrement importante pour les excursions plus longues. Ils connaissent non seulement les sentiers, mais aussi la flore, les animaux et la culture locales.

Les cultures locales doivent être respectées :

Il est essentiel d'être attentif à la culture lors de randonnées dans des zones de minorités ethniques. Cela implique de s'habiller modestement, de demander la permission avant de prendre des photos et d'observer les coutumes locales.

Préparez-vous à l'environnement :

La topographie du Laos peut aller de promenades faciles à des excursions en montagne ardues. Vérifiez que vous êtes physiquement préparé et disposez de l'équipement nécessaire, comme des chaussures ou des bottes de marche décentes, des vêtements adéquats et un sac fiable.

Restez hydraté et en sécurité :

La chaleur et l'humidité peuvent être accablantes, alors restez hydraté et protégez-vous du soleil et des insectes.

Réservez auprès de voyagistes réputés :

Choisissez des voyagistes engagés dans un tourisme responsable pour garantir que votre influence sur l'environnement et les communautés soit bénéfique.

Prévoyez une acclimatation et prenez votre temps :

Prévoyez le temps de vous acclimater lorsque vous marchez à des altitudes plus élevées pour éviter le mal des montagnes.

Le trekking au Laos offre un voyage en immersion dans la beauté naturelle et la richesse culturelle du pays. Chaque route et chaque sentier promet de nouvelles surprises ainsi que la chaleur de la convivialité laotienne.

Les croisières fluviales et le kayak sont des activités populaires

Le Laos, avec son réseau de rivières entrecroisées, offre une perspective unique sur ses paysages et ses modes de vie depuis l'eau. Voici tout ce que vous devez savoir sur les croisières fluviales et le kayak au Laos :

Croisière fluviale

Croisières sur le Mékong :

Le fleuve Mékong est la bouée de sauvetage du Laos et offre une variété d'expériences de croisière. Une route populaire entre Luang Prabang et Huay Xai traverse des paysages tranquilles et des villages riverains. Certaines croisières incluent l'hébergement pour la nuit à bord.

Le bateau Vat Phou est un autre circuit populaire qui traverse le sud du Laos à partir de Paksé et comprend des visites de temples historiques tels que Wat Phou.

Croisières sur la rivière Nam Ou :

Les croisières sur la rivière Nam Ou sont plus isolées, avec des paysages époustouflants tels que de hautes falaises calcaires et des villes rurales. Cette rivière s'étend de Phongsaly à Luang Prabang et vous pouvez faire des croisières plus courtes sur différentes sections de celle-ci.

Compagnies de croisières de luxe :

Les options de croisières de luxe comprennent une cuisine exquise, des excursions guidées et des cabines avec fenêtres panoramiques pour ceux qui recherchent confort et style.

Bateaux lents dans le quartier :

Prenez l'un des bateaux lents publics pour une véritable expérience locale. Celles-ci sont plus basiques et au rythme plus lent, mais elles donnent un véritable avant-goût de la vie au Mékong.

Kayak

Vang Vieng (Vang Vieng) :

Le kayak est populaire dans cette région. Descendez la rivière Nam Song tout en admirant le célèbre terrain karstique. Il existe des parcours adaptés aux débutants ainsi que des parcours avec rapides pour les plus téméraires.

Luang Prabang

Le kayak sur le Mékong et son affluent, le Nam Khan, est populaire. Le kayak peut être combiné avec des excursions dans les grottes de Pak Ou et dans les communautés locales.

Phan Don (Milles-Îles) :

Le Mékong s'étend et génère une multitude de petites îles à l'extrême sud. Le kayak ici est paisible, avec des chances de voir de rares dauphins de l'Irrawaddy.

Plateau des Bolovens :

Bien que connues pour leur café et leurs cascades, les rivières qui coulent du plateau des Bolovens offrent d'excellentes possibilités de kayak, fréquemment associées à des excursions vers des cascades et des colonies ethniques.

Conseils pour les croisières fluviales et le kayak :

Avant tout, la sécurité :

Portez un gilet de sauvetage chaque fois que vous êtes sur l'eau, quelle que soit votre capacité à nager. Faites toujours attention aux consignes de sécurité et traitez l'eau avec soin.

Sensibilité environnementale :

- Soyez conscient de votre impact environnemental. Évitez de jeter des déchets et veillez à ne pas déranger la faune.

Sélectionnez la bonne saison :

La saison sèche (novembre à avril) est idéale pour la croisière et le kayak car les niveaux d'eau sont plus bas et les courants sont souvent plus calmes.

Faites appel à des entreprises réputées :

Des entreprises réputées avec de solides dossiers en matière de sécurité et des guides qualifiés devraient être utilisées pour réserver votre croisière ou vos vacances en kayak.

Restez hydraté :

Il peut faire trompeusement chaud sur l'eau, alors restez hydraté en buvant beaucoup d'eau.

Protection contre le soleil :

Portez un chapeau, de la crème solaire et des vêtements à manches longues si nécessaire pour vous protéger du soleil.

Pack de sacs étanches :

Protégez votre matériel et vos documents essentiels en les rangeant dans des sacs ou étuis étanches.

Les rivières du Laos offrent des expériences remarquables qui mettent en valeur la beauté naturelle et le tissu culturel du pays, que vous préfériez une croisière paisible le long du Mékong ou une passionnante excursion en kayak à travers les rapides.

Escalade et spéléologie

Le paysage accidenté du Laos, notamment ses formations karstiques calcaires, en fait une destination idéale pour la spéléologie et l'escalade. Voici ce que vous pouvez attendre de la spéléologie et de l'escalade au Laos :

Spéléologie

Tham Kong Lo (également connue sous le nom de Kong Lor Cave) :

La grotte de Kong Lor, située dans la zone protégée nationale de Phou Hin Poun, est l'une des merveilles naturelles de l'Asie du Sud-Est. Une rivière de 7 km de long traverse la grotte et les visiteurs peuvent faire un voyage en bateau d'un bout à l'autre, en passant par d'immenses cavernes et des structures calcaires spectaculaires.

Grottes de Pak Or :

Les grottes de Pak Ou, situées près de Luang Prabang, au confluent des fleuves Mékong et Nam Ou, sont un monument vénéré contenant des centaines d'images de Bouddha laissées par les pèlerins au fil des siècles.

Grotte de Chang (Tham Jang) :

Tham Jang, située près de Vang Vieng, est facilement accessible et bien éclairée, ce qui en fait une excellente grotte d'introduction pour les débutants en spéléologie.

Interdire mon :

Cette section est moins fréquentée et offre une expérience de spéléologie plus authentique. De nombreuses grottes et rivières souterraines peuvent être explorées dans le centre du Laos.

Grotte de Tham Lot :

Cette grotte du nord du Laos est célèbre pour ses spectaculaires formations de stalactites et de stalagmites.

En spéléologie, il est essentiel de :

- De nombreuses cavernes sont complexes et risquées à parcourir seul, alors partez toujours avec un guide.

- Le sol des grottes pouvant être glissant, portez des chaussures appropriées.

- Apportez une lampe frontale de haute qualité et des piles de rechange.

Grimper sur un rocher

Vang Vieng (Vang Vieng) :

Il s'agit du principal site d'escalade au Laos, avec des falaises calcaires offrant une gamme d'itinéraires pour différents niveaux de compétence. Green Climbers Home est un endroit bien connu qui propose des cours d'escalade, la location de matériel d'escalade et des informations sur les itinéraires d'escalade.

Voici :

Le site d'escalade Pha Tam Kam, près de Thakhek, a gagné en popularité en raison de son large choix d'itinéraires et de son cadre pittoresque le long du fleuve Mékong.

Luang Prabang

Bien qu'elle soit moins connue pour l'escalade, Luang Prabang possède quelques zones qui attirent la communauté des grimpeurs. Ceux qui souhaitent explorer les paysages verticaux peuvent louer des guides et du matériel.

Pour l'escalade, utilisez :

Vérifiez toujours votre équipement avant de vous aventurer.

Assurez-vous de grimper selon votre niveau de compétence, surtout si vous n'êtes pas accompagné d'un instructeur.

Restez hydraté et utilisez un écran solaire pour vous protéger du soleil.

La spéléologie et l'escalade au Laos offrent non seulement l'excitation de l'aventure, mais aussi une nouvelle perspective sur le patrimoine naturel du pays. Ces activités peuvent être à la fois difficiles et enrichissantes, vous offrant des histoires à partager pour les années à venir. Pour garantir un voyage agréable et responsable, privilégiez toujours la sécurité, respectez l'environnement naturel et suivez les conseils des experts locaux.

Tours en vélo et en moto

Le Laos, avec sa topographie variée et ses paysages ruraux pittoresques, offre certaines des expériences de moto et de voyage en moto les plus enrichissantes d'Asie du Sud-Est. Si vous envisagez de visiter le Laos sur deux roues, voici ce que vous devez savoir :

Cyclisme (Tours à vélo)

Les routes moins fréquentées du Laos, ses nombreux sentiers et ses promenades dans les villages en font un pays idéal pour les balades à vélo, que vous souhaitiez une excursion d'une journée relaxante ou une randonnée difficile à travers le pays.

Luang Prabang

Les options de cyclisme abondent dans la ville classée au patrimoine mondial de l'UNESCO et ses environs. Parcourez les attractions patrimoniales de la ville à vélo ou empruntez les routes rurales vers les cascades voisines et les villes de minorités ethniques.

De Vang Vieng à Vientiane :

Le voyage de Vientiane à Vang Vieng est pittoresque, bien que difficile par endroits, avec des collines et des vues sur les karsts calcaires.

Plateau des Bolovens :

Faire du vélo sur l'environnement relativement frais du plateau, ses cascades et ses plantations de café est une expérience merveilleuse.

Boucle Thakhek :

Pour ceux qui souhaitent faire une excursion de plusieurs jours avec des arrêts dans plusieurs cavernes et la possibilité de communiquer avec les gens tout au long du parcours, la boucle peut également être complétée à vélo.

Circuits moto

La moto permet d'aller plus vite et de parcourir plus de terrain. C'est une méthode populaire pour visiter le Laos, avec de nombreux itinéraires établis, réputés pour la beauté de leurs paysages et leur importance culturelle.

Le cercle:

Cette boucle de 450 kilomètres commence à Thakhek et vous mène à travers des formations karstiques spectaculaires, des cavernes et de petits villages. C'est mieux pour les cavaliers expérimentés et prend 3 à 5 jours.

La Voie du Nord :

Le voyage de Luang Prabang à la Plaine des Jarres à Phonsavan offre un mélange de routes pavées et de chemins de terre, ainsi que des terrains escarpés et des climats plus frais.

La Boucle Sud et Paksé :

Vous pouvez parcourir à vélo le plateau des Bolovens, dans le sud du Laos, en passant par des plantations de café, des cascades et des colonies ethniques.

Conseils pour les visites à vélo et en moto

Créer un itinéraire :

Choisissez un itinéraire réalisable pour votre temps et votre niveau de forme physique qui vous permet de profiter de l'événement sans vous presser.

Louez du matériel fiable :

Louez des vélos ou des motos dans des magasins dignes de confiance et assurez-vous qu'ils sont en bon état de fonctionnement. Vérifiez les freins, les vitesses, les feux ainsi que les niveaux de moteur et d'huile sur les motos.

Portez un équipement de protection :

Portez toujours un casque et des équipements de protection supplémentaires tels que des gants, des manteaux et des chaussures appropriées sont suggérés lorsque vous faites de la moto.

Restez hydraté et en sécurité :

La chaleur peut être forte, surtout sous le soleil de midi, alors restez hydraté et appliquez un écran solaire.

Respectez le code de la route :

Comprendre et respecter le code de la route local. Les routes du Laos peuvent être imprévisibles, avec des changements rapides de temps ou des obstacles imprévus tels que le bétail.

Emportez avec vous les documents suivants :

Ayez toujours avec vous des photocopies de votre permis de conduire, des documents de location de vélo et de votre passeport.

Soyez prêt aux échecs :

Emportez un kit de réparation de base et sachez comment effectuer les réparations nécessaires, en particulier sur les itinéraires plus longs ou plus ruraux. Savoir réparer un pneu et régler les freins d'un vélo.

Maintenir une réserve de trésorerie :

De nombreux endroits éloignés n'acceptent pas les cartes de crédit et ne disposent pas de guichets automatiques, alors apportez de l'argent supplémentaire pour couvrir vos besoins.

Apprenez les bases du laotien ou utilisez un guide de conversation/une application :

Connaître des mots de base en laotien ou disposer d'un logiciel de traduction sur votre téléphone améliorera considérablement vos relations avec la population locale et vous aidera dans les circonstances où vous avez besoin d'aide.

Explorer le Laos à vélo ou à moto offre une perspective unique et proche du pays. C'est une aventure dans laquelle vous pouvez voyager à votre rythme, explorer des lieux hors des sentiers battus et vous connecter véritablement avec la terre et ses habitants.

Retraites de méditation et de yoga

Le Laos, avec ses magnifiques paysages et son environnement spirituel, offre un endroit paisible aux personnes souhaitant en apprendre davantage sur la méditation et le yoga. Le climat détendu du pays encourage la détente et l'introspection, ce qui en fait un endroit idéal pour les escapades. Voici une liste de retraites de méditation et de yoga au Laos :

1. Retraites de méditation

Centres de méditation Vipassana :

Le Laos dispose de plusieurs centres de méditation Vipassana, qui pratiquent la technique de méditation du Bouddha consistant à observer la respiration naturelle et les sensations corporelles. Ces centres proposent fréquemment des retraites silencieuses et intensives de 10 jours.

Le Wat Suan Dok de Luang Prabang :

Alors que la plupart des retraites de méditation ont lieu en Thaïlande, certains temples de Luang Prabang proposent des retraites comparables où les participants peuvent en apprendre davantage sur la philosophie bouddhiste et les techniques de méditation.

Monastères dans les bois :

En dehors des grandes villes, il existe des monastères forestiers où l'on peut vivre une sorte de retraite plus ascétique, souvent axée sur la pleine conscience dans le style du bouddhisme Theravada.

Temples dans le quartier :

Certains voyageurs planifient leurs retraites de méditation, séjournent dans des temples locaux et participent à des méditations quotidiennes avec des moines. Cela doit être abordé dans le plus grand respect des coutumes locales et des croyances religieuses.

2. Retraites de yoga

Luang Prabang

Cette ville classée au patrimoine mondial de l'UNESCO n'est pas seulement un centre culturel et historique, mais elle propose également une variété de programmes et de retraites de yoga. Certains complexes hôteliers et hôtels proposent des cours de yoga avec vue sur le Mékong ou sur le calme des collines environnantes.

Vang Vieng (Vang Vieng) :

Vang Vieng, connue pour ses superbes karsts calcaires et ses activités de plein air, propose également des cours de yoga. Certaines retraites mélangent le yoga avec d'autres activités comme le kayak et la randonnée.

Vientiane :

Il existe quelques studios de yoga dans la capitale qui proposent des cours sans rendez-vous ainsi que des retraites plus longues ou des formations de professeur de yoga.

Conseils pour les retraites de méditation et de yoga

Réservez à l'avance :

Les retraites, en particulier celles situées dans des zones plus isolées ou recherchées, se remplissent souvent rapidement, alors planifiez à l'avance.

Considérer ce qui suit:

Enquêtez sur le type de méditation ou de yoga proposé pour vous assurer qu'il est compatible avec vos besoins. Il existe de nombreuses écoles et méthodes disponibles, et vous devez en choisir une qui correspond à votre niveau de confort et d'intérêt.

La culture locale doit être respectée :

Lorsque vous visitez une retraite dans un temple ou dans un cadre traditionnel, soyez attentif aux traditions culturelles, habillez-vous modestement et respectez les instructions des hôtes.

Examinez les exigences en matière de visa :

Vérifiez que votre visa couvrira toute la durée de votre séjour sans nécessiter de prolongation pour des retraites plus longues.

Déconnecter :

Soyez prêt à vous détacher des appareils modernes et à vous immerger dans l'événement pour tirer le meilleur parti d'une retraite.

Conditionnement physique :

Si vous ne pratiquez pas régulièrement le yoga ou ne restez pas assis pendant des périodes de méditation, vous devez préparer votre corps à cela avant votre retraite pour éviter tout inconfort.

Santé et bien-être:

Informez le centre de retraite de tout problème de santé ou de toute exigence alimentaire. De nombreuses retraites peuvent s'adapter à des régimes alimentaires particuliers, mais il est important de les en informer à l'avance.

Une retraite de méditation ou de yoga au Laos peut être une expérience profondément satisfaisante et relaxante, offrant l'occasion d'améliorer votre pratique dans un cadre d'une immense beauté naturelle et d'une richesse spirituelle. Que vous souhaitiez une retraite programmée ou une expérience plus flexible, le Laos offre une variété de choix pour répondre à vos besoins et intérêts.

Artisanat et arts et métiers traditionnels

Le Laos est réputé pour ses riches traditions artistiques et artisanales, avec des talents transmis de génération en génération. Ces métiers coutumiers symbolisent non seulement l'héritage culturel du pays, mais constituent également une source de revenus pour de nombreuses petites communautés. Voici un aperçu des arts et de l'artisanat traditionnels du Laos :

Tissage de la soie

Tissage et textiles de la soie : les textiles laotiens sont réputés pour leurs designs élaborés et leur grande qualité. Le tissage de la soie est une forme d'art minutieuse avec des motifs et des couleurs distincts pour chaque groupe ethnique. Des villes comme Luang Prabang et Vientiane regorgent de magasins et de marchés où vous pouvez voir des tisserands au travail et acheter des articles finis.

Sculpture sur bois

Sculpture sur bois : Un autre métier expert est la sculpture sur bois traditionnelle laotienne, avec des ouvriers fabriquant tout, des figures sacrées aux panneaux de porte et meubles complexes. Les sculpteurs sur bois basent souvent leurs modèles sur le folklore bouddhiste et local.

Argenterie

Argenterie : Les Hmong pratiquent depuis longtemps l'argenterie laotienne, qui présente souvent des motifs exquis et est utilisée dans les bijoux, les ustensiles de cuisine et les objets de cérémonie. Des produits artisanaux en argent peuvent être trouvés sur les marchés nocturnes.

Poterie

Poterie : Ban Chan, près de Luang Prabang, est réputée pour sa poterie. Grâce à des techniques traditionnelles, l'argile du Mékong est utilisée pour fabriquer des pots et d'autres objets.

Fabriquer du papier

Papier Sa (papier de mûrier) : Fabriqué à partir d'écorce de mûrier, ce papier est utilisé pour fabriquer d'élégantes lampes, parapluies et articles de papeterie. Cet artisanat est démontré dans les villages proches de Luang Prabang.

Vannerie

La vannerie est une autre compétence populaire qui utilise des matériaux provenant des forêts locales. Les paniers sont utilisés à diverses fins, notamment le stockage du riz et le piégeage du poisson.

Instruments de musique traditionnelle

Instruments de musique : Les instruments de musique traditionnels laotiens tels que le khaen (un orgue à bouche en bambou) sont une forme d'art rare. Certains artisans continuent de les produire à la main, préservant ainsi la survie de l'histoire musicale.

Coton et teintures biologiques

Teintures naturelles et coton biologique : De nombreux tisserands laotiens teintent leurs fils avec des teintures naturelles obtenues à partir de la flore indigène. Récemment, on a assisté à une évolution vers le coton biologique, cultivé sans pesticides dangereux et qui est à la fois durable et bénéfique pour les agriculteurs ruraux.

Broderie

Broderie : Les Hmong et d'autres minorités ethniques sont bien connus pour leurs broderies éclatantes, fréquemment utilisées pour décorer les vêtements et les objets ménagers.

Peinture et pochoir

Pochoir et peinture à la feuille d'or : ceci est courant dans les temples et les structures religieuses, et des artistes experts proposent occasionnellement leurs services pour des pièces décoratives plus petites.

Survie culturelle

Plusieurs organisations non gouvernementales (ONG) et efforts gouvernementaux dispensent des formations pour garantir que ces compétences ne soient pas perdues et développer de nouveaux marchés pour l'artisanat laotien. Ils adhèrent également à des pratiques commerciales équitables, offrant aux artisans une autonomie dans leur travail ainsi qu'une rémunération équitable.

Participation des visiteurs

En tant qu'invité, vous pouvez participer à des ateliers ou visiter des villes où sont fabriqués ces objets. Non seulement vous pourrez observer le travail habile de vos propres yeux, mais vous pourrez également soutenir l'économie locale et rapporter à la maison une partie unique de la culture laotienne. Recherchez toujours des articles issus du commerce équitable, qui garantissent que les artisans sont correctement rémunérés pour leur travail.

Ces arts et métiers sont une belle façon de s'immerger dans la culture laotienne et d'en emporter un peu chez soi. Lorsque vous achetez des objets artisanaux, tenez compte de la source pour garantir que votre achat profite aux artisans locaux et à leurs traditions.

CHAPITRE NEUF

Itinéraire de 7 jours au Laos

Arrivée à Vientiane le jour 1

Matin : arrivée et enregistrement Votre expérience au Laos commence avec votre arrivée à l'aéroport international Wattay de Vientiane. Une fois l'immigration terminée, récupérez vos bagages et passez la douane. Pour votre commodité, vous pouvez convertir des devises à l'aéroport, car il est nécessaire de posséder la monnaie locale (Lao Kip) pour les petits achats. Une fois dehors, prenez un taxi agréé ou organisez une prise en charge à l'hôtel pour vous rendre à votre hébergement. Enregistrez-vous, déballez vos bagages et détendez-vous pendant quelques minutes. Si le temps le permet, prenez un petit-déjeuner tranquille ou un déjeuner tôt à votre hôtel ou dans un café voisin et essayez du café laotien.

Après-midi : exploration de la ville Commencez votre journée en visitant le monument de la victoire de Patuxai, où vous pourrez monter au sommet pour une vue panoramique sur la ville. Ensuite, promenez-vous le long de l'avenue Lane Xang jusqu'au palais présidentiel (vu de l'extérieur) et continuez jusqu'au parc paisible qui entoure That Dam, un ancien stupa. Pour le déjeuner, visitez un restaurant local et essayez votre premier plat typique laotien, tel que le « khao piak sen » (soupe de nouilles laotienne).

Soirée : Détente au bord de la rivière À l'approche de la soirée, dirigez-vous vers les rives du Mékong. L'ambiance est idéale pour une promenade au crépuscule, car le bord de la rivière s'anime avec les vendeurs et les gens profitant du temps plus froid. Trouvez une table dans l'un des restaurants en plein air pour le dîner et savourez des spécialités laotiennes comme le « larb » (salade de bœuf haché) et le riz gluant » tout en regardant le coucher du soleil. Terminez votre journée en vous rendant au marché nocturne animé, qui est un endroit idéal pour acheter des souvenirs et observer la vie locale avant de se retirer pour la nuit.

Jour 2 : Faits saillants culturels à Vientiane

Matin : Temples et musées Après le petit-déjeuner, dirigez-vous vers Wat Si Saket, le plus ancien temple de Vientiane et abritant des centaines de statues de Bouddha. Ensuite, visitez le Haw Phra Kaew voisin, un temple historique transformé en musée avec une collection d'art et d'antiquités bouddhistes. Rendez-vous au centre d'accueil du COPE vers le milieu de la matinée, un arrêt éducatif qui donne un aperçu de l'impact des munitions non explosées (UXO) sur la population du Laos.

Après-midi : plus de sites touristiques et de shopping Après le déjeuner, visitez le musée national du Laos pour en apprendre davantage sur l'histoire du pays. Après cela, visitez le Talat Sao (marché du matin) qui, malgré son nom, est ouvert toute la journée. On y trouve des textiles, de l'artisanat et même de l'électronique. C'est un excellent endroit pour acheter des tissus ou des souvenirs traditionnels laotiens.

Soirée : délices culinaires et loisirs Dînez dans l'un des restaurants du Mékong, en essayant peut-être un barbecue laotien, qui est une façon amusante et engageante de découvrir les viandes et les légumes locaux. Si vous avez du temps après le dîner, explorez certains bars ou cafés de Vientiane pour une soirée de détente, ou promenez-vous simplement le long de la rivière avant de retourner à votre hébergement.

Jour 3 : Une visite au parc Bouddha

Après un petit-déjeuner matinal, partez pour une visite matinale à Xieng Khuan (Parc du Bouddha), situé à environ 25 kilomètres au sud-est de Vientiane. Le parc est une galerie en plein air remplie de statues fantaisistes mais majestueuses de divinités bouddhistes et hindoues. C'est une scène bizarre avec des chances fantastiques de prendre des photos.

Après-midi : cuisine locale et loisirs Retournez à Vientiane pour le déjeuner et dégustez le « tam mak hoong » (salade de papaye épicée). Passez le reste de votre après-midi à votre guise, en profitant peut-être des commodités de votre hôtel ou en vous faisant masser dans l'un des spas de la région.

Soirée : spectacle culturel Découvrez la salle culturelle nationale du Laos pour tous les spectacles, tels que la danse ou la musique traditionnelles, qui ont lieu lors de vos activités en soirée. Avant de retourner à votre hébergement, dînez dans un restaurant qui propose des actes culturels laotiens, alliant gastronomie et divertissement.

L'aventure Vang Vieng commence le jour 4

Matin : Voyage à Vang Vieng Après le petit-déjeuner, quittez votre hébergement et prenez un bus ou une navette privée pour Vang Vieng, une balade panoramique à travers la campagne laotienne. Le voyage peut prendre jusqu'à 4 heures, alors apportez des collations et de l'eau, ainsi qu'un appareil photo pour admirer les magnifiques vues tout au long du parcours.

Après-midi : exploration de la ville Installez-vous à votre hôtel à Vang Vieng et savourez un déjeuner rapide dans l'un des cafés locaux. Passez l'après-midi à découvrir la petite ville, à profiter des marchés locaux et à organiser vos aventures pour les prochains jours.

Soirée : coucher de soleil au bord de la rivière Le soir, choisissez une position le long de la rivière Nam Song pour admirer le coucher de soleil tout en mangeant dans un restaurant au bord de la rivière. Les cadres tranquilles sont idéaux pour réfléchir à votre voyage jusqu'à présent et anticiper ce qui vous attend.

Jour 5 : Aventures en plein air à Vang Vieng

Matin : montgolfière et grottes Levez-vous tôt pour un vol en montgolfière au lever du soleil avec une vue imprenable sur les karsts et les vallées calcaires (le temps le permet). Après cela, prenez le petit-déjeuner puis partez visiter certaines des célèbres grottes de Vang Vieng, telles que Tham Poukham (lagon bleu), qui combine l'exploration des grottes avec la possibilité de nager dans les eaux accueillantes du lagon.

Après-midi : kayak et tubing Après le déjeuner, passez l'après-midi à faire du kayak ou du tubing sur la rivière Nam Song pour une façon plus relaxante d'admirer la beauté. Les deux activités sont une façon amusante et rafraîchissante de profiter des paysages époustouflants qui font la renommée de Vang Vieng.

Soirée : Détente et cuisine locale Après votre voyage, prenez un repas relaxant dans un restaurant local où vous pourrez déguster d'autres plats laotiens. Si vous n'êtes pas trop épuisé, promenez-vous le soir en ville ou détendez-vous à votre hôtel en admirant la beauté naturelle des montagnes qui vous entourent.

Vang Vieng Nature et Loisirs Jour 6

Après le petit-déjeuner, louez un vélo et partez en balade dans la campagne en vous arrêtant dans les villages locaux en cours de route. Cela vous donne un aperçu de la vie rurale laotienne et la possibilité de communiquer avec les gens.

Après-midi : Lagon et détente Passez votre après-midi dans un autre lagon ou lors d'une visite guidée de la région pour en apprendre davantage sur l'agriculture locale et les techniques durables. Détendez-vous avec un repas tranquille dans un village ou un pique-nique au bord d'un lagon.

Soirée : Adieu Vang Vieng Savourez l'environnement serein d'un restaurant avec vue sur les karsts lors de votre dernière soirée à Vang Vieng. Après cela, faites vos bagages et préparez-vous pour votre voyage de retour ou votre prochain emplacement au Laos.

Jour 7 : Départ et retour à Vientiane

Retour à Vientiane dans la matinée Levez-vous tôt pour votre voyage de retour à Vientiane. Utilisez le temps restant pour faire du shopping ou des visites de dernière minute après votre arrivée. Vous voudrez peut-être retourner à un endroit préféré ou explorer les attractions que vous avez manquées au cours de vos premiers jours dans la ville.

Après-midi : impressions finales et achats de souvenirs Après un déjeuner tranquille, visitez quelques magasins ou l'atelier d'un artisan local pour récupérer quelques souvenirs de dernière minute.

Soirée : Départ de Vientiane À la fin de la journée, dirigez-vous vers l'aéroport international de Wattay pour votre vol de départ. En fonction de votre heure de départ, vous aurez peut-être le temps de faire une dernière promenade ou de manger un morceau avant de quitter le Laos.

N'oubliez pas que cet horaire n'est qu'un guide et qu'il peut être modifié en fonction de vos intérêts, de votre rythme de déplacement préféré et des conditions locales spécifiques lors de votre visite. Passez un merveilleux séjour au Laos!

Souvenirs et achats

Le Laos possède un trésor de produits uniques que les visiteurs peuvent rapporter chez eux comme souvenirs ou cadeaux. Faire du shopping au Laos vous permet non seulement de localiser de jolis produits, mais également d'aider les artisans et les communautés locales. Voici un aperçu de quelques-uns des meilleurs endroits pour faire du shopping et des souvenirs à rechercher :

Luang Prabang

Le marché nocturne de Sisavangvong Road est un incontournable pour tout acheteur. Des textiles faits à la main tels que des foulards, des jupes traditionnelles (sinhs) et des couvre-lits aux motifs ethniques sont disponibles.

De nombreuses boutiques d'artisans vendent des objets artisanaux de haute qualité tels que des sculptures, des peintures et des articles de décoration intérieure.

Marché Hmong : Un site où les Hmong vendent leurs broderies colorées et leurs bijoux faits maison.

Vientiane

Talat Sao (marché du matin) : malgré son nom, ce marché est ouvert toute la journée et constitue la principale destination commerciale de Vientiane, vendant de tout, des vêtements à l'électronique en passant par l'artisanat traditionnel.

Lao Textiles de Carol Cassidy : une boutique bien connue vendant des articles en soie tissée haut de gamme.

Des magasins d'antiquités se trouvent dans toute la ville, en particulier au bord de la rivière, où vous pourrez découvrir d'anciennes statues de Bouddha, des objets en bois et d'autres objets.

Celui de Vang Vieng

Entreprises locales : à plus petite échelle, ces entreprises vendent des articles laotiens tels que des pierres précieuses locales, des tissages traditionnels et les chemises emblématiques Beer Lao.

Magasins d'équipement de plein air : pour les personnes qui aiment les sports de plein air et qui souhaitent emporter du matériel professionnel chez elles.

Sud du Laos et Paksé

Champassak : recherchez des tissus uniques, en particulier des jupes traditionnelles dont le style diffère de celui que l'on voit dans le nord.

Marché de Pakse : C'est un endroit fantastique pour acheter du café et du thé locaux, des épices et des textiles.

Recherchez les souvenirs suivants :

- Les tissages de soie et de coton, les vêtements traditionnels, les foulards et la broderie Hmong sont des exemples de textiles.

- Les bijoux en argent, en particulier l'argenterie Hmong, les sculptures sur bois et la vannerie sont des exemples d'artisanat.

- Café : Le Laos est célèbre pour son café, notamment les variétés Robusta et Arabica du plateau des Bolovens.

- Thés : Les thés aux herbes et les thés verts sont particulièrement populaires et proviennent fréquemment du Nord.

- Alcool de riz : Si vous pouvez le transporter en toute sécurité, le Lao-Lao, le whisky de riz local, est un article fascinant à emporter.

- Les peintures et les objets en papier, tels que ceux créés à partir de papier de mûrier, sont des exemples d'œuvres d'art.

- Recherchez des copies de figures de Bouddha et d'objets religieux, car les véritables antiquités ne peuvent pas être légalement exportées.

Suggestions d'achats :

- Négociation : La négociation est attendue sur les marchés, mais elle doit se faire en douceur.

- Authenticité : lorsque vous achetez des antiquités ou de l'argenterie, assurez-vous toujours de vérifier l'authenticité et d'acheter auprès d'un marchand digne de confiance.

- Restrictions à l'exportation : soyez conscient des limitations à l'exportation du Laos ; les antiquités et les objets religieux sont souvent soumis à des réglementations strictes.

- Soutenir les artistes locaux : recherchez des boutiques ou des coopératives de commerce équitable qui aident directement les artisans locaux.

Le shopping au Laos peut être une partie amusante et culturellement intéressante de vos vacances. Laissez toujours un peu d'espace supplémentaire dans vos bagages pour les objets uniques que ce charmant pays a à offrir.

Ferronnerie et argenterie

Bijoux en argent Hmong : Les Hmong sont bien connus pour leurs capacités en orfèvrerie. Des bracelets, colliers et ceintures en argent fin sont disponibles.

Artisanat en métal : d'autres métaux, en plus de l'argent, sont utilisés pour créer des biens tels que des instruments et des ustensiles de musique traditionnels.

Céramique et poterie

Poterie Ban Chan : Ban Chan, près de Luang Prabang, est célèbre pour ses poteries créées à partir de l'argile du Mékong. Des ustensiles de cuisine et des pots décoratifs sont disponibles.

Produits en papier

Papier de mûrier : également connu sous le nom de « papier Saa », il s'agit d'un papier formé à partir de l'écorce du mûrier qui est utilisé pour fabriquer de jolis articles de papeterie, des lampes et d'autres produits ornementaux.

Café et thé du Laos

Café : Le plateau des Bolovens, dans le sud du Laos, est célèbre pour ses plantations de café, qui produisent des grains Arabica et Robusta.

Recherchez les tisanes vertes, noires et aux herbes, fréquemment obtenues dans les hautes terres du nord.

Condiments et épices

Épices du Laos : une gamme d'épices et d'herbes locales essentielles à la cuisine laotienne peut être achetée, souvent dans des emballages de voyage élégamment emballés.

Produits à base de tamarin : Le tamarin de Luang Prabang est utilisé dans une variété de délices locaux, notamment des bonbons, des confitures et des sauces.

Whisky du Laos à base de riz

Lao-Lao : Ce puissant whisky de riz produit localement est souvent mélangé à des herbes ou du miel.

Biens naturels

Baumes et huiles à base de plantes : Ces baumes sont fabriqués à partir d'herbes disponibles localement et sont utilisés pour le massage et la guérison.

Les savons et articles cosmétiques artisanaux sont fabriqués à partir de composants naturels tels que l'huile de noix de coco, le riz et le café laotien.

Instruments de musique

Instruments traditionnels : il s'agit notamment du « Khene », un orgue à bouche emblème national, et de divers instruments en bois trouvés sur les marchés locaux.

Lorsque vous achetez de l'artisanat laotien et des produits locaux, gardez à l'esprit où et comment les articles sont fabriqués. Acheter directement auprès d'artistes ou de coopératives garantit que votre argent ira directement à l'artisan. Plusieurs ONG et entrepreneurs sociaux disposent également de magasins vendant des produits artisanaux fabriqués par des communautés défavorisées, leur offrant ainsi une source de revenus et favorisant la survie de l'artisanat traditionnel.

Marchés et boutiques du Laos

Le Laos possède une gamme diversifiée de marchés et de boutiques, chacune offrant une expérience de shopping unique :

Marchés :

Marchés nocturnes : Le marché nocturne, en particulier à Luang Prabang, est réputé pour son artisanat, ses textiles et ses œuvres d'art. Il est ouvert tous les soirs et constitue un endroit fantastique pour acheter des souvenirs.

Marchés du matin : également connus sous le nom de « Talat Sao », ces marchés se trouvent dans la plupart des villes et sont fantastiques pour les légumes frais, les aliments locaux, les produits du quotidien et certains produits artisanaux.

Marchés de village locaux : lors de la visite de lieux plus reculés, les marchés de village peuvent offrir un aperçu du mode de vie local ainsi que des produits artisanaux uniques.

Boutiques :

Luang Prabang est célèbre pour ses boutiques de luxe vendant des textiles, des bijoux et des antiquités de haute qualité.

Vientiane abrite une variété de boutiques vendant des tissus, des vêtements et des décorations de créateurs.

Centres touristiques : d'autres destinations touristiques, telles que Vang Vieng et Paksé, proposent des boutiques répondant aux goûts occidentaux, vendant de tout, de l'art local aux équipements d'aventure.

Conseils pour négocier :

- La négociation est normale sur les marchés laotiens, mais elle doit être effectuée avec respect et politesse. Voici quelques indications :

- Saluez et souriez : commencez par une chaleureuse salutation laotienne (« Sabaidee ») et un sourire.

- Première offre : les vendeurs commencent souvent avec un prix plus élevé. On s'attend à ce que vous fassiez une contre-offre.

- Déterminez votre prix : déterminez à l'avance combien vous êtes prêt à dépenser pour un article.

- Négociez progressivement : ne faites pas votre offre finale tout de suite. Négociez lentement.

- S'éloigner peut parfois donner lieu à une meilleure offre si le prix est trop élevé.
- Achetez plusieurs produits : si vous achetez plusieurs produits, le vendeur est plus susceptible de vous accorder une remise.

- Restez amical : n'oubliez pas que les quelques dollars que vous négociez sont considérablement plus importants pour le vendeur que pour la majorité des passagers.

Certaines marchandises sont restreintes à l'exportation :

- Certains objets, notamment les antiquités et les reliques sacrées, sont interdits d'exportation depuis le Laos. Voici ce que vous devez savoir :

- Les images antiques de Bouddha sont considérées comme des trésors nationaux et ne peuvent être légalement exportées sans permis spécifique.

- Antiquités : tout objet datant de plus de 50 ans est considéré comme une antiquité et peut nécessiter une autorisation d'exportation.

- Objets culturels : les objets culturellement significatifs peuvent également être interdits.

- Produits issus de la faune : L'achat et l'exportation d'articles fabriqués à partir d'animaux sauvages, comme l'ivoire ou certaines peaux d'animaux, sont non seulement illégaux mais également contraires à l'éthique.

Pour garantir la conformité, procédez comme suit :

- Documentation : Si vous pensez acheter une antiquité ou un artefact religieux, demandez un certificat ou une documentation.

- Vérifiez les lois : soyez conscient des lois laotiennes sur l'exportation et des lois sur l'importation de votre pays d'origine.

- Déclaration en douane : Il peut être nécessaire de déclarer les objets de valeur à la douane au moment du départ.

Il est toujours préférable d'acheter des objets artisanaux ou des œuvres d'art auprès de sources réputées qui peuvent confirmer que les articles ne sont pas soumis à des restrictions à l'exportation. Soutenir des entreprises éthiques et durables vous offre non seulement un véritable souvenir, mais contribue également à la préservation du patrimoine culturel du Laos.

CHAPITRE DIX

Hors des sentiers battus

Explorer le Laos hors des sentiers battus peut conduire à des expériences incroyables, loin des pièges à touristes habituels. Voici une liste de lieux et d'expériences moins connus au Laos qui séduiront les aventuriers souhaitant en savoir plus sur la culture et les paysages du pays :

Emplacements éloignés et expériences uniques :

Région nord du Laos :

Province de Phongsaly : Visitez les plantations de thé dans les zones montagneuses. La région est célèbre pour ses vieux théiers, dont certains sont centenaires. Des randonnées vers des villages ethniques peu visités par les touristes sont également disponibles dans la région de Phongsaly.

Zone protégée nationale de Nam Ha : explorez les forêts denses et la faune tout en vous engageant dans l'écotourisme et la randonnée communautaire.

Laos Centre :

Les grottes de Vieng Xai : Ces grottes de la province de Hua Phan ont été utilisées comme abris anti-bombes pendant la guerre du Vietnam. Une visite ici permet une compréhension globale de l'histoire récente du pays.

Zone protégée nationale de Nakai-Nam Theun : Bien que cette zone de biodiversité soit difficile à atteindre, elle offre des opportunités sans précédent pour l'observation de la faune.

Le Laos au sud :

Si Phan Don (Quatre Mille Îles) : Alors que certaines îles, comme Don Det, sont très populaires, d'autres, comme Don Khone, sont relativement calmes et offrent des expériences paisibles, y compris l'observation de rares dauphins de l'Irrawaddy.

Zone protégée nationale de Xe Pian : visitez cette réserve naturelle moins visitée pour découvrir une variété d'écosystèmes, notamment des zones humides et des forêts.

Immersion dans une culture différente :

Séjours chez l'habitant dans des villages ethniques : organisez un séjour chez l'habitant dans un village rural pour une expérience immersive. Il offre un aperçu réaliste de la vie quotidienne et des traditions des différents groupes ethniques du Laos.

Visitez les communautés spécialisées dans l'artisanat unique, comme la céramique à Ban Chan ou le tissage de la soie dans les petits ateliers autour de Luang Prabang.

Exploration et aventure :

Randonnée :

Trekking dans les endroits les plus reculés du Laos, comme les hauts plateaux de la Nam Ha NPA, peut être enrichissant. Des excursions de plusieurs jours à travers la forêt tropicale profonde et les paysages des hautes terres sont disponibles.

Moto :

Conduire une moto sur les routes sinueuses de la campagne laotienne procure un sentiment de liberté et d'aventure aux pilotes expérimentés. La Boucle, un itinéraire qui traverse le centre du Laos et le plateau des Bolovens, est particulièrement populaire.

Croisières fluviales :

Les rivières du Laos sont son élément vital et les voyages en bateau peuvent vous transporter dans des endroits éloignés. La rivière Nam Ou, par exemple, offre des paysages à couper le souffle ainsi que la possibilité de découvrir la vie riveraine qui a peu changé au fil des ans.

Spéléologie :

Le Laos possède certains des systèmes de grottes les plus magnifiques d'Asie du Sud-Est. Outre la célèbre grotte de Kong Lor, de nombreux systèmes de grottes supplémentaires reçoivent peu de visiteurs et offrent des expériences d'exploration brutes et aventureuses.

Un voyage à la fois éthique et durable :

Il est essentiel de considérer l'influence sur les communautés locales et l'environnement tout en s'aventurant hors des sentiers battus :

Soutenir local : utilisez les magasins locaux et les guides touristiques. Cela garantit que votre argent contribue à l'économie locale.

Ne laissez aucune trace : faites attention aux déchets et à leur influence sur l'environnement. Respecter la faune et les milieux naturels en éliminant adéquatement les déchets.

Habillez-vous modestement, en particulier lorsque vous visitez des communautés éloignées, et demandez la permission avant de photographier des gens.

Tourisme communautaire : participer à des activités touristiques conçues et gérées par les communautés locales, en veillant à ce que les communautés locales contrôlent et bénéficient du tourisme.

Voyager hors des sentiers battus au Laos permet de profiter de la beauté naturelle du pays ainsi que de la gentillesse de ses habitants. Cela demande une attitude aventureuse, un respect de la culture et de la nature et une volonté d'accueillir l'inattendu.

Voyageurs Destinations moins connues

Le Laos est un pays où les routes les moins fréquentées sont très attrayantes, avec des paysages tranquilles, des coutumes riches et une expérience véritablement locale. Voici un guide pour améliorer votre expérience si vous souhaitez explorer des régions moins connues, voyager hors saison ou demander des conseils pour une aventure aventureuse.

Destinations moins connues :

1. Province de Sékong :

Sékong est l'un des endroits les plus ethniquement variés et les plus riches en environnement du Laos, avec ses cascades en cascade, et abrite de nombreuses minorités ethniques du pays.

2. Province de Xiangkhouang :

Au-delà de la Plaine des Jarres, explorez les collines et interagissez avec le peuple Phuan et sa culture, moins influencée par la société occidentale.

3. Province d'Attapeu :

Il s'agit d'une porte d'entrée vers certaines des régions protégées nationales les plus reculées du Laos, où vous pourrez admirer des paysages montagneux, des cultures et des modes de vie traditionnels.

4. Province de Saravane :

Saravane, connue pour ses nombreuses populations ethniques et ses cascades spectaculaires comme celle de Tad Lo, offre une escapade paisible dans la nature.

5. Au-delà de Paksé et Wat Phou, province de Champasak :

Explorez les vestiges antiques et les temples préangkoriens les moins visités de la province, dont certains sont enfouis dans les forêts.

Avantages des voyages hors saison

Voyager au Laos hors saison, qui se situe normalement entre mai et septembre, peut présenter de nombreux avantages :

1. Rentable :

- Hors saison, les hôtels et les circuits réduisent fréquemment leurs prix.

- Sur les marchés, une baisse de la demande peut conduire à de meilleures offres et à un meilleur pouvoir de négociation.

2. Moins de visiteurs :

- Les destinations populaires telles que Luang Prabang et Vang Vieng sont moins encombrées et offrent une expérience plus relaxante.

- Lorsque les locaux sont moins occupés par les touristes, vous aurez plus de chances d'interagir avec eux.

3. Expériences uniques :

- Soyez témoin des paysages luxuriants et de l'activité agricole qui accompagnent la saison de la mousson.

- Participez aux festivités locales qui peuvent ne pas être disponibles pendant la haute saison.

Difficultés de voyage

- La saison des pluies peut rendre certains itinéraires inutilisables, donnant lieu à des excursions imprévues mais souvent passionnantes.

- Prévoyez toujours les retards et gardez un ordre du jour flexible.

Conseils aux voyageurs audacieux

Respect et enquête :

- Pour faire preuve de respect et améliorer votre engagement, découvrez les coutumes locales et les langues des groupes ethniques les moins visités.

- Comprendre le comportement approprié, en particulier lors de la visite de sites religieux et de villages.

Santé et sécurité:

- Vérifiez votre statut vaccinal et disposez d'une assurance voyage adéquate qui comprend l'évacuation médicale.

- Préparez-vous aux régions isolées en préparant une trousse de premiers soins et en planifiant les urgences médicales.

Équipement et préparation :

- Investissez dans des équipements de haute qualité adaptés au terrain accidenté et aux conditions météorologiques changeantes, notamment pendant la saison des pluies.

- Étant donné que la couverture du signal peut être intermittente dans les endroits éloignés, disposez de cartes hors ligne et d'un GPS fiable.

Pratiques pour la durabilité :

- Utilisez des articles de toilette biodégradables et évitez les plastiques à usage unique pour vous lancer dans des activités de voyage respectueuses de l'environnement.
- Sélectionnez des éco-lodges et des tour-opérateurs durables qui contribuent à préserver l'environnement et les populations locales.

Activités d'aventure :

- Recherchez des guides locaux pour des activités telles que le kayak, la spéléologie et la randonnée. Ils peuvent fréquemment vous montrer des sites qui ne sont pas indiqués sur les cartes officielles.

- Soyez prêt à y aller lentement ; Certaines des meilleures expériences au Laos proviennent de rencontres fortuites et d'arrêts imprévus.

Interaction au niveau local :

- Participez aux activités quotidiennes locales telles que la pêche ou l'agriculture pour acquérir une véritable idée de la vie rurale laotienne.

- Mangez dans les petits restaurants de village ou sur les marchés où vous pourrez déguster des spécialités traditionnelles pour avoir un avant-goût de la cuisine locale.

Le Laos est une mine d'expériences pour les touristes audacieux. Même si les infrastructures ne sont pas toujours à la hauteur de celles des endroits plus développés, la beauté naturelle du pays, mêlée à la chaleur de sa population, offre un voyage extrêmement gratifiant hors des sentiers battus.

CHAPITRE ONZE

Communication et langage

Les compétences linguistiques et de communication sont essentielles pour traverser le Laos, surtout lorsqu'on s'écarte du chemin principal. Voici une introduction à la scène linguistique, ainsi que quelques conseils pour communiquer efficacement lors d'un voyage au Laos.

Les langues laotiennes comprennent :

Le lao, langue tonale proche du thaï, est la langue officielle du Laos. Il est largement parlé dans tout le pays et apprendre quelques mots simples améliorera considérablement votre expérience de voyage.

Langues d'origine ethnique :

Les nombreuses populations autochtones du Laos parlent diverses langues ethniques. Ces langues sont généralement le principal moyen de communication dans les régions isolées, mais les plus jeunes peuvent comprendre le laotien.

Influence des Français :

En raison de l'héritage colonial français, certaines générations plus âgées parlent français, et ce terme est encore utilisé dans diverses fonctions officielles et dans la signalisation, en particulier dans les grandes villes et les anciens quartiers coloniaux.

Utilisation en anglais :

L'anglais est de plus en plus parlé, notamment parmi la jeune génération et dans les destinations touristiques. Cependant, les anglophones peuvent être rares dans les communautés isolées et les zones moins populaires.

Phrases de base à apprendre :

- Salutations : 'Sabaidee' (Au revoir) et 'La korn' (Bonjour)

- 'Merci', 'S'il vous plaît'

- Questions : « Beaucoup de jours ? » (Combien ça coûte ?) 'Hak khao sai ? (Pouvez-vous communiquer en anglais ?)

- Les chiffres sont utilisés pour marchander et acheter des produits.

Applications et outils pour l'apprentissage des langues :

Les applications de traduction linguistique, en particulier celles qui fonctionnent hors ligne, peuvent être très utiles.

Des connaissances linguistiques et culturelles peuvent être obtenues via des guides de conversation.

Communication non verbale :

1. La communication non verbale est souvent aussi importante que la communication verbale au Laos. Dans les circonstances où les mots échouent, un sourire, un signe de tête ou un geste peut en dire long.

2. Soyez conscient du langage corporel et des gestes désagréables ou insultants, comme toucher la tête de quelqu'un ou pointer vos pieds vers des personnes ou des objets religieux.

Assistance locale :

1. Le personnel de l'hôtel, les guides touristiques et les jeunes locaux parlent fréquemment anglais et peuvent être extrêmement utiles pour la traduction.

2. Si vous avez besoin de demander votre chemin ou de prendre les transports en commun, noter votre destination au Laos peut vous aider.

Comprendre le script :

L'apprentissage de l'alphabet laotien ouvrira la nation sur de nouvelles voies à tous ceux qui envisagent un séjour plus long, de la lecture des panneaux à l'interprétation des repas.

Politesse et patience :

La communication peut être lente, mais la compassion et le désir d'aider sont généralement récompensés par la tolérance et une attitude polie.

Il est essentiel de parler sur un ton calme, car élever la voix pourrait être perçu comme une perte de la face et créer une humiliation.

La sensibilisation culturelle:

Soyez attentif aux thèmes culturellement sensibles tels que la politique et la religion. À moins d'être bien informé, il est conseillé d'écouter plutôt que de parler sur ces sujets.

Malgré les obstacles linguistiques, les voyageurs découvrent souvent que la volonté de parler et de dialoguer avec la population locale peut conduire aux expériences les plus mémorables du Laos. Les Laotiens pardonnent souvent les erreurs grammaticales et accueillent favorablement toute tentative de parler leur langue.

Phrases de base en laotien

Avant de voyager au Laos, c'est une bonne idée d'apprendre quelques phrases de base en laotien, de connaître les normes de communication non verbale et de comprendre comment la technologie peut aider à éliminer les barrières linguistiques.

- Salutations, 'Sabaidee' (sa-bai-dee).

- 'La collection' (la-kawn): Au revoir

- Merci beaucoup : 'Khawp jai' (bon-jai)

- Oui : « Doi » ou « Jao » (pour les hommes) et « Jao » (pour les femmes).

- « Baw » (bor) n'est pas un mot.

Se déplacer et faire des demandes simples :

- Combien ça coûte ? » Laa-khae thao dai ?

- Pouvez-vous baisser le prix ? » Lot noi dai baw ? » (lot-noi-dai-bor ?

- Quel est l'emplacement des toilettes ? » Hong nam yuu sai ? » Hong-num yu-sai ?

- « Khoi yak sa commander [nourriture/boisson] » (koi yuk sa or-der) J'aimerais commander [nourriture/boisson].

Localisations et directions :

- Où est...?'... yuu sai ?'([emplacement] yu-sai ?)

- 'Sai' (sai) à gauche

- « Kwaa » (kwah) est l'orthographe correcte.

- 'Trong pai' (trong-pie) est tout droit.

Urgences médicales:

- J'ai besoin des services d'un médecin : « Khoi tong maw » (koi tong mor).

- Au secours ! : « Bientôt ! » (donc-oui !)

Interactions sociales et courtoisie :

- Je m'excuse : 'Kho thot' (kaw fourre-tout)

- « Kho thot » (pour attirer l'attention) ou « Khaw to » (pour s'excuser)

- Comprenez-vous l'anglais ? : « Jao wao angkit dai baw ? » (jao wao ang-git dai bor ?)

Ressources pour l'apprentissage des langues :

Applications et ressources en ligne :

- Duolingo, un logiciel d'apprentissage des langues, propose un cours de langue laotienne.

- Laoconnection.com et Seasite.niu.edu sont deux sites Web qui fournissent un enseignement de base de la langue laotienne et des informations culturelles.

Ressources pour l'audio :

- Les cours audio Pimsleur permettent un apprentissage fondamental des langues.

- Les podcasts et la musique en laotien peuvent améliorer la prononciation et les capacités d'écoute.

Communication qui n'est pas verbale :

Gestes de respect :

Une salutation ou un adieu habituel consiste à joindre les mains dans un mouvement semblable à une prière connu sous le nom de « non ».

Lorsque vous saluez des moines ou des personnes âgées, un petit salut avec le « nop » est approprié.

Langage du corps :

Il est considéré comme impoli de toucher la tête de quelqu'un ou de pointer du pied vers des individus ou des icônes religieuses.

Le regard fixe peut être considéré comme une confrontation, alors établissez un léger contact visuel.

Expressions sur le visage :

Les Laotiens sourient fréquemment pour exprimer divers sentiments tels que la joie, la nervosité ou les excuses. C'est un aspect important de l'interaction sociale.

Aides technologiques à la traduction :

Applications de traduction :

Google Translate comprend des packs de langue lao hors ligne qui peuvent être téléchargés.

Microsoft Translator propose également des services de traduction en laotien.

Interprétation vocale :

Speak & Translate, par exemple, peut transformer la langue parlée en temps réel et est utile pour les conversations.

Applications pour l'apprentissage des langues :

Des applications telles que Memrise et Anki aident à enrichir le vocabulaire grâce à la répétition espacée de mots et d'expressions.

Traduction d'images :

L'appareil photo de Google peut interpréter le texte des photographies en temps réel, ce qui est utile pour les menus, les panneaux et les avis.

N'oubliez pas que si les applications d'apprentissage des langues et les technologies de traduction sont d'excellents outils, elles ne sont pas sans défauts, surtout lorsqu'il s'agit de langues moins parlées comme le laotien. Abordez toujours la communication avec un esprit ouvert et un désir d'apprendre des erreurs de communication. Vous serez mieux préparé à participer de manière respectueuse et efficace au Laos si vous utilisez une combinaison de ces termes, outils et conscience des signaux non verbaux.

****Supplémentaire

Le Laos possède une riche tapisserie d'histoire, de culture et de beauté naturelle. Il existe divers monuments et sites à envisager d'ajouter à votre itinéraire lors de votre visite. Voici une liste des attractions incontournables :

1. Luang Prabang est une ville du Laos.

Wat Xieng Thong : l'un des monastères les plus remarquables du Laos, c'est un témoignage remarquable de l'esprit de religion, de royauté et d'art traditionnel. L'ancienne résidence royale a été transformée en musée, connu sous le nom de Musée du Palais Royal (Haw Kham). Il abrite de nombreux objets de la période royale du Laos.

2. Vientiane

Pha That Luang : Un stupa bouddhiste massif recouvert d'or, Pha That Luang est le monument national le plus important et l'emblème national du Laos. Patuxai (Porte de la Victoire) : Ce monument, qui ressemble à l'Arc de Triomphe de Paris, est dédié à ceux qui se sont battus pour se libérer de la France.

3. Celui de Vang Vieng

Tham Jang : Lors d'une invasion chinoise au début du XIXe siècle, cette grotte servait de bunker. Rivière Nam Song : Cette rivière est connue pour son magnifique paysage karstique calcaire et est idéale pour faire du tubing ou une excursion relaxante en kayak.

4. La plaine des Jarres

La Plaine des Jarres, située près de Phonsavan dans la province de Xiangkhouang, est un terrain énigmatique et riche sur le plan archéologique parsemé de jarres en pierre d'origine ancienne inconnue.

5. Épais

Wat Phou : Inscrit au patrimoine mondial de l'UNESCO depuis le Ve siècle, cet ancien complexe religieux khmer est l'un des points forts du sud du Laos. Environnement culturel de Champassak : Cet environnement, qui comprend Wat Phou, mélange des éléments naturels et artificiels et est associé à l'empire khmer.

6. Si Phan Don (Les Quatre Mille Îles)

Cette section du Mékong est connue pour ses nombreuses îles et constitue le meilleur site pour observer les dauphins de l'Irrawaddy, une espèce en voie de disparition.

7. Plateau des Bolovens

C'est le paradis des plantations de café, grâce à son climat tempéré, ses magnifiques cascades et son environnement luxuriant.

8. Hautes Terres du Nord

Luang Namtha et Muang Sing sont populaires pour le trekking et la visite des tribus montagnardes locales en raison de leurs paysages magnifiques et de leur diversité ethnique.

9. Parc du Bouddha de Xieng Khuan (Xieng Khuan)

Ce parc, situé près de Vientiane, contient environ 200 statues bouddhistes et hindoues.

10. Réserve Naturelle de Bokéo

L'expérience Gibbon, où vous pouvez séjourner dans des cabanes dans les arbres et faire une tyrolienne à travers la canopée forestière pour avoir la chance d'apercevoir ces singes rares, est bien connue.

11. Sisaket Vat

Il est célèbre à Vientiane pour son mur composé de milliers de petites statues de Bouddha et ses rangées de centaines de Bouddhas assis.

12. Ce stupa d'Ing Hang

Un stupa religieux de la province de Savannakhet qui abriterait une relique de Bouddha.

13. Cascade de Khone Phapheng

Il s'agit de la plus grande cascade d'Asie du Sud-Est en volume, située dans la province de Champassak, près de la frontière cambodgienne.

Ces monuments offrent un mélange d'expériences culturelles, historiques et naturelles qui reflètent la beauté unique du Laos. Lors de la visite de ces sites, pensez à respecter les coutumes locales et les traditions religieuses, notamment celles considérées comme sacrées.

Applications, sites Web et cartes utiles

Lorsque vous visitez le Laos, disposer des bons outils peut grandement améliorer votre expérience. Voici quelques applications cartographiques, sites Web et ressources utiles pour vous aider à planifier votre voyage, à naviguer dans le pays et à profiter de votre séjour.

Applications pour voyager

Vols et hébergement à l'hôtel :

- Agoda : Un site Web populaire pour découvrir des hôtels et des maisons d'hôtes dans toute l'Asie du Sud-Est.

- Booking.com : propose un large choix d'options d'hébergement.
- Skyscanner est un excellent outil pour comparer les prix des vols.

Transport:

- 12Go Asia : utile pour réserver des bus, des trains et des ferries en Asie du Sud-Est.

- Grab : Bien que plus répandu dans les villes, Grab peut fournir des services de transport au Laos.

Traduction dans une autre langue :

- Téléchargez le pack de langue lao depuis Google Translate pour une utilisation hors ligne.

- Speak & Translate est une application de traduction de texte et de voix.

Échange de devises:

- XE Currency : fournit des taux de change en direct et est utilisable hors ligne.

- Navigation et cartes

Cartes hors ligne :

- Plans. moi : Téléchargez des cartes hors ligne du Laos, présentant les sites d'intérêt.
- Google Maps : vous pouvez enregistrer des emplacements sur la carte pour une utilisation hors ligne.

Préparation du voyage :

- TripIt : vous aide à organiser votre itinéraire de vacances en un seul endroit.

- Rome2rio : affiche plusieurs choix de voyage entre les lieux.

Informations et guides locaux

Perspectives culturelles :

- Voyage culturel : fournit des articles et des recommandations sur la culture et les attractions locales.

- TravelFish : propose des informations détaillées et des recommandations d'initiés sur l'Asie du Sud-Est, y compris le Laos.

Planification des activités :

Wikitravel : informations de voyage communautaires sur le Laos.

Santé et sécurité

Médical:

CDC TravWell : fournit des informations sur la santé et les exigences en matière de vaccination.

Premiers secours de la Croix-Rouge : fournit une formation et des informations de base en premiers secours.

Sécurité:

- (STEP signifie Smart Traveler Enrollment Program) : les citoyens américains peuvent enregistrer leurs préparatifs de voyage auprès du consulat américain le plus proche. Un consulat ou une ambassade.

- TripWhistle Global SOS : fournit des numéros d'urgence spécifiques au pays pour les services de police, d'incendie et d'ambulance.

Communication et Social

Connectivité :

- Lorsque le Wi-Fi est disponible, WhatsApp et Facebook Messenger sont couramment utilisés pour la messagerie et les appels.

- Applications VPN : si vous avez besoin d'un accès Internet sécurisé ou si vous souhaitez afficher du contenu limité à une région, envisagez d'utiliser un VPN.

Météo

- AccuWeather : ce site Web fournit des prévisions météorologiques précises.

- Weather.com : l'application Weather Channel est une autre source fiable d'informations météorologiques.

Divers

Carnets de voyage :

- Polarsteps : suit vos déplacements et tient un journal de voyage personnalisé.

- Journi Blog : Ce site vous aide à documenter vos voyages avec des images et des notes.

Plans

Ressources cartographiques sur Internet :

Site officiel du tourisme du Laos : des cartes et des brochures peuvent être disponibles.

OpenStreetMap : un service de cartographie fourni par les utilisateurs qui peut être plus détaillé que d'autres sources.

Lorsque vous utilisez ces applications et sites Web, assurez-vous de disposer d'un moyen fiable pour recharger vos appareils et tenez compte de la disponibilité du Wi-Fi ou des données mobiles. Étant donné que certaines régions éloignées du Laos peuvent avoir une connectivité restreinte, c'est toujours une bonne idée de sauvegarder ou d'imprimer des informations vitales en guise de sauvegarde.

Musées et adresses du Laos :

1. Musée du Palais Royal : Situé à Luang Prabang, ce musée donne un aperçu de l'histoire du Laos. Haw Kham est situé à Luang Prabang, au Laos.

2. Musée du textile laotien : Situé à Vientiane, ce musée présente des textiles traditionnels laotiens. Ban Nongtha Tai est situé à Vientiane, au Laos.

3. Centre d'information touristique MAG UXO : situé à Luang Prabang, ce musée donne des informations sur les munitions non explosées au Laos. Ban Xiengmouane est située à Luang Prabang, au Laos.

CONCLUSION

Au cœur de l'Asie du Sud-Est, se trouve une région d'une tranquillité et d'une beauté incomparables, une tapisserie au riche héritage culturel tissé de philosophie bouddhiste et aux couleurs éclatantes de nombreuses populations ethniques. Le Laos, avec ses paysages magnifiques, ses rivières sinueuses et ses grands temples, offre un voyage qui va au-delà de l'évidence et plonge profondément dans l'âme du visiteur aventureux.

Des hauts plateaux brumeux des Hautes Terres du Nord aux cascades coulantes du plateau des Bolovens, chaque région du Laos a sa propre histoire, à la fois intemporelle et à découvrir avec impatience. Le fleuve Mékong, la bouée de sauvetage du Laos, traverse la campagne, soutenant à la fois le sol et l'âme humaine, tandis que les vieux temples sont des sentinelles du passé, leurs belles sculptures et leur architecture sont un monument au talent et au dévouement du peuple laotien.

Vientiane, la capitale attractive, offre un portail vers l'âme du pays, équilibrant modernisme et histoire, bruit et tranquillité. Les flèches dorées de That Luang captent ici le lever du soleil, faisant écho au voyage spirituel du Laos au fil des millénaires. Plus au nord, le site de Luang Prabang, classé au patrimoine mondial de l'UNESCO, enchante par son mélange bien préservé de structures urbaines traditionnelles laotiennes et de celles créées par l'autorité coloniale européenne aux XIXe et XXe siècles, créant ainsi un canevas culturel aussi réel qu'impressionnant. -inspirant.

L'intrigante Plaine des Jarres de Xieng Khouang, avec ses trésors archéologiques, offre un mystère que le temps n'a pas encore pleinement résolu, invitant les esprits intéressés à examiner l'héritage de civilisations disparues depuis longtemps. Pendant ce temps, Vang Vieng, avec son terrain karstique et ses lagons bleus immaculés, crie à l'aventure et au pur plaisir des trésors naturels.

Le Laos parle également de résilience et de continuité à travers ses communautés ethniques, où la vie continue d'être vécue de la même manière qu'elle l'a fait depuis des siècles. La tapisserie culturelle du pays est une mosaïque dynamique de traditions, dont chaque fil représente la musique, la danse et l'artisanat des communautés ethniques qui contribuent au riche héritage du pays.

En voyageant à travers cette nation tranquille, vous découvrirez que chaque facette de la vie laotienne vous encourage à participer à une symphonie d'expériences, de la sérénité d'un rituel bouddhiste à l'exaltation d'une excursion en kayak sur une rivière rapide. Avec ses saveurs robustes et ses ingrédients frais, la cuisine laotienne offre un voyage gastronomique à la fois simple et profond, à l'image de la nation elle-même.

Votre guide de voyage au Laos est une invitation à découvrir l'invisible et à vivre les rythmes d'une terre à la fois hors du temps et profondément ancrée en elle. À chaque visite de temple, randonnée à travers des forêts luxuriantes et nuit passée sous un ciel étoilé, vous ne traversez pas seulement le Laos, mais le Laos vous traverse, laissant des traces qui dureront toute une vie.

Préparez vos sens à l'enchantement du matin laotien, à la tranquillité de son crépuscule et tout le reste. Qu'il s'agisse de marchés bondés regorgeant d'artisanat, de retraites de méditation tranquilles ou de festivals animés qui dansent tout au long du calendrier laotien, votre voyage sera autant une question de voyage intérieur que d'extérieur.

Le Laos vous accueille à bras et cœur ouverts. Préparez-vous à être immergé dans une aventure qui vous fera non seulement traverser un lieu mais aussi votre esprit. Les murmures du Mékong, les chants des moines, les sourires des habitants et la musique naturelle des forêts vous appellent. Préparez-vous à explorer le Laos, où chaque touriste fait partie de la vaste tapisserie qui rend cette nation vraiment enchanteresse.

Bienvenue au Laos, où votre aventure est sur le point de commencer.

Made in the USA
Las Vegas, NV
31 May 2024

90566972R00154